MÉMOIRE

SUR L'ÉTUDE D'UNE LIGNE DE CHEMIN DE FER

ENTRE LA VILLE DE CORDOVA

Et un point à déterminer sur la rivière de Parana

DANS LA CONFÉDÉRATION ARGENTINE

PAR

M. ALLAN CAMPBELL

INGÉNIEUR.

PARIS

IMPRIMERIE ET LIBRAIRIE CENTRALES DES CHEMINS DE FER

DE NAPOLÉON CHAIX ET Cⁱᵉ

20, rue Bergère, près du boulevard Montmartre

1856

MÉMOIRE

SUR L'ÉTUDE D'UNE LIGNE DE CHEMIN DE FER

ENTRE LA VILLE DE CORDOVA

Et un point à déterminer sur la rivière Parana

DANS LA CONFÉDÉRATION ARGENTINE

PAR

M. ALLAN CAMPBELL

INGÉNIEUR

1856

Rosario (Confédération Argentine), le 50 novembre 1855.

A Son Excellence Don Mariano Derqui,

Ministre de l'Intérieur.

—

MONSIEUR LE MINISTRE,

J'ai l'honneur de vous adresser, en exécution du contrat passé avec le gouvernement de la Confédération, en date du 5 octobre 1854, pour l'étude d'un chemin de fer de la ville de Rosario à celle de Cordova, les pièces qui constituent l'accomplissement de ma mission et qui comprennent le mémoire, le devis estimatif, les cartes, les plans et les profils dudit chemin.

Les études se composent, savoir :

1° D'une carte du territoire de la république Argentine et des pays environnants, sur une échelle propre à en faciliter l'intelligence ; cette carte a été dressée d'après les travaux de sir Woodline Parish, qui sont considérés comme les plus parfaits publiés sur ces contrées.

Le cours du Parana a été tracé d'après les cartes de Sullivan. J'ai mis le plus grand soin à cette étude, dans le but de lui faire atteindre le degré de rigoureuse exactitude que je crois être sûr de lui avoir donné : aussi, quoique le principal objet ait été celui de caractériser le tracé du chemin de fer, ma carte n'en sera pas moins l'une des plus correctes que l'on possède sur ces contrées;

2° D'une carte (A) à l'échelle d'un pouce environ par lieue et indiquant le parcours du chemin de fer projeté en même temps que la route postale actuellement en usage. Elle indique également le cours du Parana, depuis Saint-Nicolas jusqu'à l'embouchure de la rivière Carcarañā;

3° Une carte (B) sur grande échelle de la ville de Cordova, indiquant sa jonction avec le chemin de fer;

4° Une carte semblable pour la ville de Rosario, comprenant aussi le résultat des sondages du Parana;

5° Une autre carte comme la précédente pour le Puerto de. las Piedras;

6° Le profil longitudinal du chemin de fer depuis Cordova jusqu'à Rosario, et de son prolongement jusqu'au port de Piedras, le tout divisé en sept parties;

7° Des plans des ponts, des acqueducs, du quai et des stations du chemin de fer.

En soumettant au gouvernement le résultat de mes travaux, je crois devoir faire remarquer que plusieurs des indications et des renseignements qui s'y trouvent (principalement ceux qui ont rapport à la description de lieux et aux données statistiques) n'ont pas pour but d'apprendre quelque chose qui puisse paraître nouveau aux habitants de la Confédération, mais bien d'éclairer le public étranger, très-peu renseigné sur des sujets qu'il importe d'autant plus de lui faire connaître, que c'est auprès de lui que devront être portés la discussion et le jugement sur les moyens d'exécution de cette utile entreprise. En même temps, j'ai dû aussi songer à l'opportunité de certains détails nécessaires à l'intelligence du public de la Confédération, dans un pays où, pour la première fois, on aura à s'occuper d'un chemin de fer.

Le but principal qu'on se propose d'atteindre en ouvrant cette ligne de chemin de fer, est celui de lier la ville de Cordova avec le Parana, sur un point accessible aux bateaux à vapeur ainsi qu'aux navires d'un d'un tonnage élevé. Toute l'étendue comprise entre la sierra de Cordova et le Parana que le chemin de fer devra traverser, constitue ce qu'on appelle *las pampas*, terrain non accidenté, parfaitement uni, et qui par cela même offre une étonnante facilité pour la construction. C'est sur la sierra de Cordova, haute chaîne de montagnes située dans les limites occidentales de la province, que prennent leurs sources les rares rivières qui arrosent ce pays, et dont les plus remarquables sont désignées par les noms numériques de *Primero*, *Segundo*, *Tercero*, *Cuarto* et *Quinto*. Toutes ces rivières sont pures et conservent leur volume d'eau ; mais, en traversant des plaines immenses, quelques-unes d'entre elles disparaissent au moment des grandes sécheresses, tandis que d'autres se jettent dans des lacs intérieurs qui sont, selon toute apparence, en communication avec l'Océan. La rivière *Tercero* seule parvient jusqu'au fleuve Parana, dans lequel elle se jette, à 12 lieues au-dessous de Rosario, échangeant à cet endroit son nom contre celui de Carcaraña. La plupart de ces rivières, en traversant les pampas, altèrent la pureté de leurs eaux qui deviennent salées, surtout en été, par l'absorption des substances dont le sol est imprégné. Dans la saison des pluies, ces sources se purifient complétement en donnant naissance à des torrents d'une eau limpide et fraîche.

En peuplant cette partie de l'Amérique, les anciens Espagnols, soit par des motifs de sécurité, soit qu'ils y fussent engagés par la fertilité du sol, adoptèrent le système d'établir leurs colonies tout à fait à l'intérieur des terres, système dont il est résulté que les centres de population se trouvent très-éloignés les uns des autres, et que, pour arriver à leurs marchés, il faut avoir recours à des transports terrestres excessivement longs et coûteux à travers les pampas, ou d'employer un moyen non moins long et dispendieux, celui d'expédier les marchandises aux ports de l'océan Pacifique pour les transporter de là dans la plaine, à dos de mulet, et en traversant la cordillère. Les provinces intérieures de Cordova, Santiago, Tucuman, San-Juan, Salta, Jujuy, Rioja, Catamarca, San-Luis et Mendoza, dont la population s'élève à un million d'habitants, se trouvent dans cette situation. — Cordova, celle d'entre elles dont l'accès est le plus facile, est encore, en raison du tracé tortueux des routes intérieures, éloignée de plus de 100 lieues de tout marché un peu important; tandis que les provinces plus éloignées, telles que celles de Mendoza, San-Juan et Salta, se trouvent à 200 et même 300 lieues de distance des ports de la Confédération, et à 150 ou 200 lieues des côtes du Chili, de Bolivia et du Pérou, dont les sépare encore la chaîne des Andes, haute de 12 à 16,000 pieds au-dessus du niveau de la mer dans les passages les plus accessibles.

Les provinces de la Confédération ont fait des progrès marqués sous le nouveau gouvernement qui, en leur rendant la paix et la sécurité, a étendu leur commerce et donné l'élan à la production et à la prospérité que cette même paix tend encore à augmenter. Cet état de choses a éveillé l'attention du gouvernement lui-même et de tous les hommes intelligents sur la nécessité de s'occuper d'un moyen de fournir à ces populations isolées des voies de communication plus économiques et plus directes avec la mer, amélioration qui, par elle-même, en amènerait une autre non moins importante, celle d'attirer aux ports de la Confédération le commerce maritime qui se fait actuellement par les ports de Bolivia et de l'océan Pacifique.

La situation de ces provinces intérieures, éloignées comme elles le sont du Parana et de ses embranchements navigables, les assujettit à dépendre entièrement, pour leur commerce, des transports terrestres, et quoique cette même situation et l'éparpillement des populations sur une aussi vaste étendue de territoire ne permettent pas de généraliser un système de chemins de fer, on a cependant cru avec raison que la construction d'une ligne d'une étendue moyenne, et qui servirait de noyau et de point de départ à un développement à venir des voies de communication, concentrerait facilement le commerce intérieur, et donnerait un revenu suffisant pour justifier l'emploi du capital nécessaire à la construction d'un chemin de fer dans les conditions indiquées. — C'est pour répondre à ce but qu'a été entreprise l'étude de la ligne dont nous allons nous occuper.

De tout temps, le commerce de ces pays a été fait par la ville de Buénos-Ayres, qui, seule, jouissait du monopole des arrivages maritimes, et qui en répandait le produit dans l'intérieur au moyen de caravanes de mulets ou de chariots attelés de bœufs, de la contenance de 200 arrobes, soit environ 2 tonneaux et demi. Cette route suivait un parallèle d'environ 200 lieues le long du Parana, un des plus beaux fleuves du monde, et navigable par conséquent pour les navires d'un fort tonnage. Ce système de communication exigeait un espace de temps si grand, qu'un convoi de chariots employait un an pour effectuer le trajet de l'aller et retour, temps à peine nécessaire pour accomplir la navigation du tour du globe, et plus long que celui qu'emploient les bâtiments se rendant des mers de l'Europe dans les mers de la Chine. — De semblables obstacles au développement de la prospérité publique expliquent comment ces belles contrées sont encore si arriérées. — La cherté des transports intérieurs équivaut aux effets de la prohibition du commerce, qui doit se borner soit à l'exportation des articles dont la rareté et l'estimation peuvent supporter ce surcroît de frais, soit à l'importation des plus indispensables objets de consommation. On conçoit dès lors aisément tous les avantages qu'il y aurait si l'on parvenait à diminuer le temps et la distance qu'entraînent le système actuel de transport par la voie de terre. — Pendant les trois ans de paix dont ces provinces ont joui sous le nouveau gouvernement, on a obtenu cet immense avantage, que la navigation par le fleuve a supprimé 80 lieues de transports par terre, ce qui, loin de diminuer le nombre de charrettes auparavant employées à desservir le commerce, en a augmenté le nombre, tout en permettant aux véhicules de multiplier leurs voyages. — Aussi, le commerce des provinces de la Plata a-t-il pris un essor inconnu jusqu'alors.

La ville de Cordova, choisie comme point intérieur où aboutira la ligne de chemin de fer projetée, se trouve située à une latitude de 26 degrés 27 minutes sud, et est en même temps la capitale et le centre de la province du même nom, province la plus peuplée et la plus prospère de la Confédération. Sa population est de 150,000 habitants, et celle de la ville de 20,000 âmes. Elle offre un marché considérable, car elle reçoit et distribue non-seulement les produits de la province, mais encore en grande partie ceux des territoires environnants. A une courte distance de la ville, la sierra renferme plusieurs mines d'argent qu'on a exploitées pendant longtemps. Quoique ces mines ne soient pas excessivement riches, elles sont fort abondantes, et étant très-convenablement situées, on les exploite avec profit. Le cuivre abonde également dans ce district, et on exploite actuellement avec avantage quelques gisements récemment découverts de ce minerai, dont l'abondance, jointe à la facilité de l'extraire, a fait penser à des hommes compétents que cette exploitation peut devenir fort importante, surtout sous l'influence de la construction du chemin de fer projeté.

La ville de Cordova est située à 100 pieds au-dessous du niveau des pampas, au bas de la rivière *Primero*, dont les eaux claires et rapides arrosent une vallée étendue et alimentent plusieurs moulins dont le nombre peut être facilement accru.

Ce territoire fournit de la pierre calcaire d'excellente qualité et en très-grande abondance, et les forêts voisines donnent du bois de chauffage et de construction à très-bas prix.

La laine de Cordova, de qualité supérieure, avantageusement connue dans les marchés étrangers, constitue un des plus importants articles d'exportation. Avec l'accroissement de la population, et à l'aide de transports faciles, ce riche produit peut atteindre un degré de développement indéfini, eu égard aux conditions reconnues du sol argentin si favorables pour la multiplication des troupeaux.

Une des questions les plus importantes à résoudre est celle de fixer le point où devra aboutir le chemin de fer sur les bords du Parana. Sous ce rapport, le tracé le plus court et le plus économique serait sans doute le plus désirable ; mais on ne saurait néanmoins le déterminer sans avoir égard à d'autres considérations.

La ville de Santa-Fé est l'endroit le plus rapproché de Cordova que l'on pourrait choisir, sa distance n'étant que de 65 lieues (de 6,000 vanas espagnoles), ou d'environ 205 milles anglais ; elle est éloignée de 350 milles au nord de Buénos-Ayres et située sur un bras du Parana ; mais en s'approchant de la ville à une distance de 12 milles, les eaux du canal qui y conduit deviennent basses et ne fournissent à la sonde que 3 pieds de profondeur à marée descendante. Ce désavantage constitue une objection capitale contre Santa-Fé, car il serait absurde de faire les dépenses qu'exige le tracé d'un chemin de fer, si ce chemin ne devait aboutir à un port qui fût accessible aux navires d'un fort tonnage. Il ne serait pas non plus facile d'exécuter la ligne la plus courte de toutes, car le passage des rivières, ainsi que la nécessité de se procurer de l'eau claire pour les locomotives, exigent des déviations du tracé direct ; considérations qui font donner la préférence à la ligne qui a prévalu dans mes études. D'ailleurs, pour examiner le tracé par Santa-Fé, il faudrait suivre le cours de la rivière *Segundo* pendant plusieurs lieues, ce qui augmenterait la distance et interromprait la ligne droite. Dès lors la préférence à accorder à Santa-Fé ne raccourcirait la route que de 10 lieues sur celle adoptée, qui va aboutir au port de Rosario, sur le Parana.

Le passage par le *Salado* et les terres basses qui l'avoisinent, au moyen de ponts et de terrassements, exigerait aussi une dépense élevée, inconvénient que l'on évite en suivant la ligne adoptée. D'ailleurs, en choisissant Santa-Fé on aurait 120 milles de navigation de plus à remonter sur le Parana, ce qui fait disparaître l'avantage de la plus courte distance géographique entre Cordova et Santa-Fé; car, en additionnant le parcours par eau et par terre entre ces deux villes, la route deviendrait plus longue de 90 milles qu'elle ne l'est réellement par le tracé aboutissant au Rosario. Néanmoins, sans vouloir méconnaître qu'un chemin de fer entre Santa-Fé et Cordova ne soit praticable avec une dépense moindre que la ligne que je propose, cet avantage disparaît entièrement devant la considération de l'infériorité du port de Santa-Fé, inaccessible à cause de son faible tirant d'eau, considération qui dispense de pousser la comparaison plus loin. Je puis ajouter encore que le tracé par Santa-Fé assujettirait le trafic important de Mendoza et de sa province à tel surcroît de frais et de distances, qu'on pourrait considérer ce trafic comme aliéné ou perdu pour le chemin de fer.

Ces considérations décisives excluant Santa-Fé comme terme de la ligne, il faut, pour opérer la jonction du chemin de fer, descendre le fleuve jusqu'au port de Rosario, sans avoir égard à San-Lorenzo, situé plus haut sur ce fleuve. Toutefois, le gouvernement a voulu que l'étude se fît également, en vue de pouvoir choisir le port de *Piedras*, situé à 30 milles plus bas de Rosario, et une description supplémentaire rendant compte de ce prolongement se trouve jointe au présent rapport.

Rosario occupe le 32° 60' latitude sud. Elle est placée sur le bord occidental du Parana, à une hauteur de 65 pieds au-dessus de son niveau. En face de la ville s'étend un rivage ou plage d'environ un mille de longueur sur 200 yards (1) de largeur par les basses eaux; mais aux eaux montantes toute cette plage est presque inondée. Les navires du plus fort

____

(1) Mesure anglaise.

tonnage peuvent mouiller près du rivage qui mesure un fond de 3 à 4 brasses d'eau. A la basse marée cette situation présente des avantages évidents pour le chargement et déchargement des bâtiments, mais un quai est absolument nécessaire à cause des marées plus hautes, qui sont ordinairement d'une plus longue durée. Plus tard, si la ville de Rosario, ou toute autre, devient, par suite de l'ouverture d'un chemin de fer, un grand entrepôt de commerce, des constructions importantes seront nécessaires, et elles donneront une grande valeur aux terrains situés devant le port; mais, pour le moment, on peut pratiquer à peu de frais les ouvrages qu'exigeront les premiers besoins de la navigation et du commerce.

La situation qu'occupe la ville de Rosario réunit des circonstances toutes spéciales à l'égard des communications à établir avec l'intérieur. En jetant les yeux sur la carte on s'aperçoit que le fleuve de la Plata et son grand affluent, le Parana, suivent une direction sud-est pendant un parcours de 300 milles, à partir du point de leur jonction à la mer, tandis que le Parana, à 100 milles avant de se jeter dans la Plata, prend la direction du sud, modifiée cependant par une certaine déviation vers l'ouest.

Or, Rosario se trouvant située sur le recoin le plus occidental du fleuve, le chemin de fer projeté de cette ville à Cordova, ainsi que la route fluviale de Cordova à Buénos-Ayres, suivront tous deux une ligne aussi droite que possible. Observons aussi que la latitude de Rosario est presque la même que celle de Mendoza, d'où il s'ensuit que le port naturel pour le commerce des provinces intérieures doit être el Rosario, ou tout autre point rapproché sur le cours du fleuve.

Ces considérations générales, que je considère comme suffisantes pour servir d'introduction, m'autorisent à entrer dans mon sujet et à aborder la description de la ligne que devra suivre le chemin de fer.

Tracé de la ligne.

Il suffit de connaître la structure parfaitement unie du territoire des *pampas* pour en conclure que rien ne serait plus facile que d'obtenir en droite ligne une route de Cordova aux bords du Parana, et si nous n'avions à nous occuper que des accidents de terrain, nous aurions donné la préférence à un tracé semblable.

J'ai déjà observé que la terre des pampas étant imprégnée de matières alcalines, les eaux des rivières qui les traversent en sont infectées et deviennent saumâtres et impures. L'expérience du Chili nous a appris que les eaux de cette nature sont tout à fait impropres au service des locomotives, et que là où l'on ne peut s'en procurer d'autres, il devient nécessaire d'avoir recours à la distillation. — En examinant les terrains qu'il aurait fallu choisir pour construire le chemin en ligne droite, je me suis aperçu que les rivières ne fournissent pas d'eau pure, inconvénient auquel on ne peut remédier en ayant recours aux puits, qui ne donneraient pas de meilleure eau, à cause des filtrations de la terre. Le seul moyen d'y remédier aurait été d'établir des réservoirs pour y recueillir les eaux pluviales, mais les fréquentes sécheresses qu'on éprouve dans la province de Cordova rendaient ce moyen inefficace.

Il me devint donc nécessaire de chercher un tracé qui fît disparaître ces difficultés essentielles. La rivière *Tercero*, un des plus larges cours d'eau qui prennent leur source dans la sierra de Cordova, se joint au Parana quelques lieues au-dessus de Rosario. Les eaux du *Tercero* sont courantes, douces et pures jusqu'à leur jonction avec les eaux du *Saladillo*, petit, mais impur ruisseau, qui, venant du sud, débouche dans le *Tercero*; alors celui-ci voit altérer la pureté de son courant; néanmoins c'est seulement dans la saison de sécheresse que les effets s'en font sentir, car la pluie corrige l'impureté du mélange et rend au courant la douceur et les bonnes qualités de son eau.

Je reconnus donc que le cours du *Tercero*, à partir de Villanueva jusqu'à *Zanjon*, dans un trajet de 45 milles d'étendue, répondait à toutes les conditions désirables, et principalement à celle d'assurer la possession constante d'eau pure. Cette raison aurait été suffisante pour donner la préférence à ce tracé ; mais il s'en est joint une autre non moins importante.

Il est du plus haut intérêt que le chemin de fer réponde et se prête aux besoins des provinces du nord et de l'ouest de la Confédération, non-seulement dans un but d'intérêt public, mais encore pour assurer à l'entreprise le plus grand revenu possible. En examinant la carte, on aperçoit que la route ordinaire pour les chariots de Mendoza ou de San-Luis viendrait se joindre au chemin de fer à Villanueva, établissant ainsi une route directe entre ces provinces et la rivière Parana, tandis que si la ligne prenait une direction plus au nord, les charrettes devraient parcourir une distance beaucoup plus considérable, au détriment du mouvement commercial du pays.

Remarquons aussi que le tracé que j'adopte se rapproche des populations de l'intérieur et touche souvent aux établissements préposés au service des postes, ce qui assure l'avantage de lier le chemin de fer par une ligne continue aux routes déjà fréquentées dans l'intérieur.

Ce tracé possède aussi l'inestimable avantage de suivre, sur une étendue de 45 milles, les bords d'une belle rivière, aux deux côtés de laquelle s'élèvent des forêts qui fournissent en abondance d'excellents bois de chauffage et de construction. La population devra donc se porter dans cette direction, au grand avantage de l'agriculture, et il en résultera un rapide accroissement de la valeur de ces terres.

Je considère donc cette partie de la route comme de la plus grande importance sous le point de vue du système de colonisation qu'il est de l'intérêt des entrepreneurs du chemin de fer d'établir, en organisant sur une grande échelle vers ces contrées l'émigration, où des avantages si reconnus offrent aux colons une perspective de prospérité assurée.

Ces raisons suffiraient pour établir la préférence en faveur de ce tracé, comparativement à une ligne plus directe, quand même cette préférence ne serait devenue impérieuse à cause des qualités requises pour la consommation de l'eau à employer pour les locomotives.

D'ailleurs la différence par rapport à la distance n'est pas si sensible. La longueur de la route la plus directe et en droite ligne de Cordova au Rosario serait de 232 milles ou 73 lieues et demie de pays, tandis que celle que je propose n'est que de 247 milles anglais ou 78 lieues espagnoles. Mais, eu égard aux petites déviations inévitables, même dans les lignes les plus directes, la différence n'excédera pas probablement de 10 à 12 milles, ce qui, dans un tracé de cette étendue, ne saurait être regardé comme important.

L'étude dont je rends compte, ayant commencé à la ville de Cordova, je vais donner une courte description de la ligne à partir de ce point jusqu'aux bords du Parana.

Le lit de la rivière *Primero* coule près de Cordova, sur un plan situé à environ 120 pieds au-dessous du niveau des *pampas*; d'où il résulte que l'inclinaison de la vallée étant trop rapide pour permettre de tenter le tracé direct, il a fallu chercher une ligne tant soit peu oblique pour arriver graduellement au niveau de la *pampa*. Dans ce but, j'ai examiné deux tracés différents : l'un, partant tout près de l'édifice de la vieille douane et suivant le haut du ravin vers la maison de la poste, dans la direction du sud-ouest, me fut suggéré par l'avantage d'une surface parfaitement unie; mais je me suis bientôt aperçu que dans la direction indiquée, la *pampa* rehausse, ainsi que le ravin lui-même, et que, pour pratiquer l'issue, il aurait fallu accepter une pente trop forte et une sensible augmentation de parcours.

J'ai donc dû rechercher un autre tracé, et je l'ai fait dans la direction du sud-est de la ville, à l'endroit appelé *los Corrales*.

Là, le terrain descend doucement vers la vallée principale, et comme la *pampa* s'incline aussi vers cet endroit et suit l'inclinaison de la rivière, leur niveau se rétablit à la distance de 2 milles, moyennant un plan incliné de 35 pieds par mille. Cette descente est assez accidentée, et elle exige, en fait de mouvement de terres, des remblais et des déblais qui varient de 10 à 30 pieds et vont même, mais dans un seul cas, jusqu'à 40 pieds. La terre étant dure et sèche, peut être facilement travaillée.

En atteignant la *pampa*, le tracé devient parfaitement droit jusqu'à la rive nord de la rivière *Tercero*, vis-à-vis de *Villanueva*, dans un trajet de 85 milles. Une seule courbe, à peine sensible, a été marquée sur ce trajet dans le but de diminuer la descente vers la rivière *Segundo* et de la traverser sur un point favorable. On effectue son passage à 8 lieues de Cordova, à environ une demi-lieue de la Chapelle-du-Pilar. Ce passage exige la construction d'un pont de 250 yards de longueur sur une hauteur de 14 pieds. Le lit de la rivière est sablonneux, et pendant la sécheresse l'eau y disparaît entièrement; mais on la retrouve en creusant un peu sous le sable. L'eau de cette rivière est pure et douce, et dans les crues elle monte jusqu'à 6 pieds.

Au passage de cette rivière, le chemin de fer croise plusieurs fois les maisons ou cabanes du service des postes, à une distance de 2 ou 3 milles.

A partir de Villanueva, et sur une étendue de 45 milles, le tracé suit le cours capricieux du *Tercero*, qui, dans ses nombreux replis, s'approche jusqu'à toucher presque à la ligne, ou s'en éloigne d'un mille à 5. La largeur de la rivière est d'environ 150 yards, et les bords de son lit ont une hauteur de 10 pieds jusqu'à 40 pieds. Les pâturages des terres environnantes sont réputés comme excellents, et à en juger par les rares endroits cultivés que l'on découvre, la terre paraît être d'une incontestable fertilité.

Comme la rivière décrit une grande courbe vers le sud,

lorsqu'on est arrivé à la maison de poste de Zanjon, et qu'il aurait fallu, pour en suivre le cours, augmenter le parcours, une autre direction a dû être suivie; elle se dirige, presque en droite ligne, sur Rosario, dans un parcours de 120 milles.

En quittant les bords du *Tercero*, et sur un espace de près de 20 lieues, le pays est inhabité, à cause des craintes qu'inspirent les excursions des Indiens du nord, qui, à différentes reprises, y ont pénétré en traversant la rivière. La multiplicité des postes militaires établis entre Cordova et Santa-Fé a éloigné ce danger, dont à l'avenir on pourra se garantir tout à fait par l'effet des mesures que le gouvernement se propose de prendre, et qui rendront une parfaite sécurité aux habitants et aux colons.

Le projet d'ouvrir et de protéger le parcours d'une route qui, en traversant la rivière Chaco, à partir de Corrientes ou de quelque autre point du Parana aboutisse à Santiago del Estero, est un objet digne de toute l'attention et même des sacrifices du gouvernement. Une telle ligne aura pour résultat l'établissement d'une frontière militaire qui refoulerait les Indiens vers le nord et conquerrait à la civilisation un immense territoire qui promet une agriculture riche, des pâturages excellents et du bois en très-grande abondance.

Dans la partie inhabitée de ce district, le chemin de fer traversera un petit ruisseau de 25 pieds de largeur, appelé Arroyo-Tortugas, qui forme les limites entre les provinces de Cordova et de Santa-Fé, et qui, sous une légère couche de vase, coule sur un lit parfaitement ferme. Les eaux de ce ruisseau, au moment où je l'ai franchi, étaient basses, et sans doute à cause de cela même, tellement salées, que l'usage en était interdit, même aux bêtes de somme. Toutefois, le long de ses bords surgissaient quelquefois des sources dont l'eau, sans être parfaitement pure, était cependant potable.

Le lit du Tortugas coule à un niveau d'environ 80 pieds au-dessous de la *pampa*, et quoique les sinuosités de cette large vallée paraissent douces et presque imperceptibles à l'œil, nous avons constaté que des plans inclinés de 40 pieds par mille et des mouvements de terre étaient indispensables pour remonter la pampa dans la direction de l'est.

A 16 lieues de Rosario, on entre de nouveau dans les districts peuplés, à l'endroit appelé la cañada de Gomez, belle et large vallée sur les riantes collines de laquelle paissent de nombreux troupeaux. Le chemin de fer suivrait cette vallée sur un parcours de plusieurs milles, traversant trois fois le ruisseau arrosé par elle.

A environ 10 lieues de Rosario, on traverse le Desmochado, rivière qui n'est en réalité que le Tercero lui-même, qui, en cet endroit, prend un autre nom.

Ce courant d'eau occasionne une si forte dépression dans le pays qu'il traverse, et ses bords s'élèvent en conséquence si fortement des deux côtés, que son passage exige non-seulement un plan incliné de 40 pieds par mille, mais encore une courbe qui dévie de la ligne tout à fait droite qui a été exactement suivie dans un parcours de 80 milles.

Le pont nécessaire pour effectuer le passage de cette rivière devra avoir 180 pieds de long et 28 pieds de hauteur. Quoique les eaux montent aux époques de crues jusqu'à 12 pieds au-dessus du lit, on n'y trouve plus, dans les saisons de sécheresse, que quelques pouces d'eau. Les travaux de maçonnerie à exécuter seront en général très-peu coûteux.

Il y a très-peu d'observations à faire relativement au territoire compris entre le Desmochado et le Parana, au port de Rosario, car c'est un terrain uni et non coupé d'accidents d'aucune espèce. Seulement, aux approches de cette dernière ville, les signes d'un pays habité deviennent visibles par les terres qu'on découvre, et qui sont cultivées et parsemées de fermes et d'établissements en exploitation.

C'est un point d'une certaine importance que celui de déterminer l'endroit le plus propre à construire la gare de Rosario; le plan le plus désirable serait sans doute celui de descendre du plateau sur lequel la ville est située jusque vers un point assez rapproché du rivage pour que les charrettes de transport pussent communiquer directement de la gare au bord de la rivière. Mais ce projet entraîne des dépenses considérables. Il exige un plan incliné de 40 pieds par mille, et un déblai de 36 pieds de profondeur. La terre à en extraire est d'une qualité propre à être employée au remblai nécessaire pour les fondations de la station et du quai.

Un autre projet serait celui d'augmenter, sur ce point seulement, la pente de 80 à 90 pieds par mille, ce qui réduirait de beaucoup l'importance du déblai; et comme la gare se trouverait située plus bas encore, elle se rapprocherait du niveau de la rivière. Les machines seraient tout à fait capables de gravir la montée avec un chargement ordinaire, et les convois plus pesants pourraient être divisés. L'économie à faire par ce système serait d'environ 30,000 dollars.

Un troisième projet serait celui de terminer la route sur le plateau supérieur, établissant la gare aussi près que possible de la rivière, afin de diminuer la durée du transport par charrettes. En se dispensant de construire les quais ou en laissant ce soin à l'avenir, on obtiendrait une économie de 100,000 dollars sur le premier plan.

Le prolongement de la route jusqu'à la rivière produirait une économie de 50 cents de dollar par tonne, avantage qui, joint à celui d'une plus grande facilité pour le chargement et le déchargement, justifierait le surcroît des dépenses indiquées.

Cette grande étendue de territoire, d'une superficie de 250 milles, que je viens de décrire sommairement, est toute composée de *pampas*, et jamais peut-être on ne pourra construire un chemin de fer de cette longueur sur une surface aussi parfaitement unie. Il ne faudrait pas cependant que le terme *pampas* fît concevoir l'idée d'une terre sans ondulations et dont les points extrêmes seraient sur le même niveau. Pour s'en convaincre, il suffit de savoir que la descente est considérable, quoique graduelle, à partir de la sierra de Cordova jusqu'à l'Océan. La ville de ce nom est située à 1240 pieds au-dessus du niveau de Rosario sur le Parana, et la pampa, à une lieue de Cordova, a encore une élévation de 80 pieds, ce qui donne une hauteur totale à surmonter de 1320 pieds. Cette grande inégalité est répartie sur une longueur de 250 milles, mais il faut tenir compte des dépressions intermédiaires qui se rencontrent à la hauteur du Segundo, du Desmochado, du *Tortugas* et de la cañada de Gomez, dépressions qui mettent dans l'impossibilité de radoucir, dans une proportion aussi faible, cette inégalité de niveau. Ainsi que je l'ai observé, le cours de quelques rivières se trouve tellement au-dessous de l'élévation générale du pays, qu'il devient nécessaire d'effectuer des descentes et des montées qui vont jusqu'à quarante pieds par mille.

Ces dépressions ne se bornent pas aux principales vallées ; elles sont aussi déterminées par des ravins appelés cañadas qui, quelquefoiss exigent des mouvements de terre. La longueur des plans inclinés les plus considérables est cependant petite, car les ondulations de la ligne ne varient que de deux à quinze pieds par mille.

Entre Cordova et Zanjon, la route traverse des bois sur une étendue de 36 milles; ces forêts se composent généralement de l'espèce de chênes que les Espagnols nomment algarobo, arbre qui fournit un excellent combustible et s'emploie également avec avantage pour la construction. — L'étendue de ces forêts est si grande qu'elles assurent aux générations à venir (même en supposant un grand accroissement de population) du combustible en très-grande abondance : les traverses pour une grande partie de la ligne pourront être convenablement fournies par ces forêts.

Depuis Villanueva, tout le long du Tercero et jusqu'à bien près du Tortugas, dans une distance d'environ 85 milles, le terrain constitue une descente douce autant qu'uniforme. et présente une surface tellement unie, que dans nul endroit le mouvement des terres n'excédera pas deux pieds.

Après avoir quitté Zanjon on entre sur le territoire large et ouvert formé par les pampas, terrains tout à fait dépourvus d'arbres et sur lesquels on n'aperçoit qu'à de rares intervalles quelques groupes isolés d'*algarabos* et de *chanacès*; mais le plus souvent l'œil ne trouve aucun objet sur lequel il puisse se reposer et n'aperçoit de tout côté qu'une vaste étendue de terre unie, sans d'autres limites que l'horizon.

La nature ayant dépourvu les *pampas* d'eaux courantes, semble avoir voulu y suppléer par les lacs nombreux dont elles sont parsemées. Ces dépôts ont ordinairement une profondeur de cinquante à soixante yards de diamètre, quelquefois au delà, et comme ils sont généralement un peu déprimés à leur surface, ils conservent les eaux pluviales. Il serait facile, au moyen de travaux de peu d'importance, de former des réservoirs qui en pourvoiraient pour toutes les saisons.

C'est un fait digne de remarque que la nature ait suppléé à la rareté des sources d'eaux courantes, dans les *pampas*, par la certitude et la facilité de trouver de l'eau en creusant quelques pieds au-dessous de la surface, ce qui éloigne toute crainte de pouvoir manquer de cet élément si précieux.

J'ai parlé plus haut de l'impureté de l'eau que l'on trouve sur plusieurs points de la ligne, et mes remarques avaient spécialement rapport aux besoins du service des locomotives qui exigent de l'eau d'une excellente qualité. — Mais bien que ce soit un fait certain que les puits et même les ruisseaux, quand ils sont bas, ne fournissent pas une eau très-agréable au goût, nous observerons que sur la plus grande étendue du pays et tout le long du tracé l'eau est tout à fait saine et potable, ce qui me fait penser que sur un grand nombre de lieues elle suffira au service des machines. Les terres que la route doit traverser, quoique riches et fertiles, sont encore dans leur état primitif, à l'exception de quelques rares parties cultivées que l'on aperçoit le long des routes et sur les bords des principales rivières. La fertilité de ces terres est évidente, car elles rapportent assez pour compenser les faibles soins que leur donnent une agriculture arriérée et une population oisive. Aux alentours des villes la nature se présente riche et offre l'aspect d'une exhubérante végétation.

Mais ces contrées jouissent du privilége d'enrichir l'homme sans exiger de lui de labeur personnel, car ces immenses et gras pâturages multiplient le bétail d'une manière vraiment prodigieuse. Les terres de la province de Cordova sont renommées comme particulièrement favorables à l'élevage des troupeaux à laine.

J'ai dû observer qu'une bonne moitié de la route est dépourvue d'arbres. On pourrait en conclure l'impossibilité ou du moins la difficulté de voir s'établir des populations; mais cet inconvénient disparaîtra facilement en plantant, ainsi que cela se fait sur d'autres points du pays, le peuplier, le pêcher et d'autres arbres qui se développent parfaitement au bout de quatre à cinq ans. En attendant, les colons pourraient se pourvoir de bois de Cordova, transporté à peu de frais par le chemin de fer ; d'ailleurs, le climat étant fort doux, le combustible n'est pas d'une très-grande nécessité.

Prolongement de la ligne au port de las Piedras.

Pour répondre au désir du gouvernement, j'ai prolongé l'étude dans la direction sud de Rosario, jusqu'à l'endroit appelé *las Piedras*, sur les bords du Parana. Cette ligne est marquée sur la carte générale A, et un plan du port exécuté sur une large échelle et donnant également le sondage du fleuve se trouve sur la carte B. Le profil a été tracé sur la feuille n° 7.

Cette ligne se sépare de celle que je viens de décrire à environ un mille avant d'arriver à Rosario, d'où, traçant une courbe vers le sud, elle touche les limites occidentales de cette ville. Vers cet endroit, on devra choisir un emplacement convenable pour établir une station qui desservira Rosario et son territoire.

La distance de *las Piedras* à Rosario, à partir de la rue de Cordova, dans cette dernière ville, est de 31 1/4 milles anglais ou 9 lieues 3/4. Le parcours de cette ligne est parallèle à celui du fleuve Parana à une distance de 1 à 2 milles de ses bords, et il est tellement rapproché de la route postale qu'elle la croise plusieurs fois. Une autre ligne, un peu plus courte et plus droite, a été signalée en même temps; mais elle offrait l'inconvénient de traverser les vallées du *Saladillo*, du *Seco* et du *Pavon*, et d'autres ravins encore plus profonds et plus larges, obstacles qu'on évite en suivant l'autre direction. D'ailleurs, la différence entre les deux lignes est à peine d'un mille.

Le terrain que parcourt ce tracé est extraordinairement uni, à la seule exception près du passage des ruisseaux que nous venons de nommer et qui se jettent dans le Parana. Le Saladillo exigerait un pont de 12 pieds de haut; le Seco un de 8, et le Pavon un de 14, sur une ouverture de 25 à 30 pieds. Ces ruisseaux causent des dégâts considérables dans la plaine, ce qui oblige à avoir recours à des p ans inclinés à 40 pieds par mille.

A l'endroit désigné pour établir la gare, la pampa se trouve élevée d'environ 60 à 70 pieds au-dessus du niveau du Parana. Les bords de ce fleuve présentent une surface unie de 8 à 9 pieds de hauteur quand les eaux sont basses; mais ils sont inondés lorsque la rivière monte. A l'extrémité supérieure du port et près de l'entrée du *Pavon*, le rivage forme un ravin perpendiculaire de 45 pieds d'élévation. De cette élévation, le bas-fonds va en s'élargissant jusqu'au point où se termine la ligne et où il se présente une largeur de 400 yards. Cette plage est coupée par un canal de 50 pieds de large qui se remplit d'eau aux marées montantes, mais qui devient presque sec ou vaseux par les basses eaux, interceptant alors la communication entre la rivière et le haut du ravin. Cette circonstance nuit aux avantages du choix de cet emplacement pour y construire le port; mais il ne serait pas difficile de remédier à cet inconvénient à peu de frais. Pour bien comprendre la question qui nous occupe, il est nécessaire de recourir à la carte sur laquelle la configuration du rivage se trouve correctement marquée. Là, comme à Rosario, on avait à choisir entre deux plans, et deux lignes furent conséquemment tracées dans ce but : l'une se terminant dans la basse plaine, et l'autre aboutissant à la pampa, à 70 pieds au-dessus de la rivière. La première de ces lignes mérite la préférence comme mettant le chemin de fer en communication avec le fleuve.

La situation la plus favorable pour fonder une ville dans la partie supérieure de cet emplacement, se trouve indiquée sur la carte par la ligne A B marquée à doubles points. Le terrain prend ici une inclinaison transversale vers le fleuve et longitudinale vers les deux ravins qui coupent la plaine à angles droits avec la rivière, accident qui favorise le drainage complet du bas-fond. Nous devons aussi remarquer que, dans cet endroit, l'eau de la rivière est profonde des deux côtés. Aussi l'objection vient-elle seulement de la largeur du bas-fond (400 yards) situé entre le fleuve et le terrain élevé, ce qui exige une grande dépense pour le combler.

Le second point à choisir est celui indiqué sur la carte par la lettre E. Le terrain, qui se trouve inondé dans les hautes eaux, ne présente plus qu'une largeur de 150 yards et même moins à un endroit fixe, comme on pourra le voir par la carte.

Le terrain, qui se trouve à 60 pieds au-dessus du niveau de la rivière, est parfaitement sec. Il existe, au surplus, un tirant d'eau convenable, et une partie de la plaine inférieure se trouve à l'abri des marées et offre un espace suffisant pour des constructions, qui ne nécessiteraient pas de dépenses pour des terrassements. Par toutes ces considérations et dans des vues d'économie, je considère cet endroit comme le plus propre à y bâtir la ville. J'ai eu soin de marquer sur la carte le point où le quai pourra être construit.

Le sondage de ce port présente une profondeur suffisante plus rapprochée du rivage et sur une plus grande étendue qu'à Rosario. On peut objecter, cependant, que le canal dont j'ai fait mention se remplissant aux marées montantes, sépare la rivière de la partie supérieure des terrains ; mais ces inconvénients seraient faciles à surmonter si on se décide à établir le port dans cet endroit. Sous tous les autres rapports essentiels au développement d'une grande cité commerciale, cette localité répond à tout ce qu'on pourrait désirer. Pour en être persuadé, il suffit de remarquer que les navires du plus fort tonnage peuvent se croiser en touchant presque au rivage, et que les terres qui environnent Piedras sont très-estimées et présentent tous les symptômes d'une grande fertilité.

Aux bords de la rivière on aperçoit un monticule que l'on dit être recouvert par les eaux aux époques de crues extraordinaires. Vis-à-vis de l'endroit désigné pour construire la ville, on devrait percer une ou deux rues qui croisassent le bas-fond, qu'on devrait à cet effet rehausser jusqu'à un niveau de 3 pieds au-dessus des plus fortes crues. Rien, du reste, ne s'opposerait à ce que, par la suite, tout le bas-fond fût comblé, et certainement il offrirait les terrains les plus propres aux constructions que réclame une cité commerciale.

Ce port est situé à une lieue et demie au-dessus d'*Arroyo del Medio*, qui délimite l'Etat de Buénos-Ayres du territoire de la Confédération.

Piedras est donc le point extrême du Parana où l'on pourrait établir un port dépendant du gouvernement argentin, ce qui lui donnerait une grande importance sous le rapport commercial. Sa distance au sud de Rosario, en suivant le canal du fleuve, est de 33 milles anglais, et il se trouve situé un peu au-dessous du grand recoin que forme le Parana, et qu'on désigne sous le nom de *Vuelta de Montiel*. C'est ici que s'arrêtaient les navires venant de l'Océan, du temps de la domination de Rosas, et avant que la navigation ne fût ouverte sous le gouvernement actuel. Maintenant que cette contrainte a cessé, tout porte à croire que la branche ou canal du fleuve qui passe devant Piedras deviendra la principale issue de la navigation.

Nous ne devons pas omettre qu'une des plus fortes raisons alléguées contre le projet d'établir à Piedras la gare du chemin de fer, se fonde sur la considération puissante que le prolongement de cette ligne occasionne un accroissement de dépense s'élevant à la somme de 450,000 dollars. La longueur de la ligne pourrait être raccourcie de 2 lieues en dirigeant le trajet directement sur Piedras, sans toucher à Rosario. Mais cette considération doit céder devant l'importance de rallier à la ligne une ville en prospérité et en croissance, ainsi que les territoires fertiles et peuplés qui en dépendent.

Notre étude constate avec exactitude que la pente du Parana, à partir de Rosario jusqu'au port de Piedras, est de 7 pieds 4 pouces ; et comme la distance intermédiaire par le canal se trouve être de 33 milles, la déclivité n'excède pas 2 pouces 3/4 par mille.

La pente du Mississipi depuis l'embouchure de l'Ohio jusqu'au golfe du Mexique, sur une distance de 1,200 milles, est de 275 pieds ou de 2 pouces 1/2 par mille.

A son passage devant le port de la Piedras, le courant du Parana parcourt une vitesse de 2 milles 1/2 par heure.

Pentes du chemin.

Quoique le terrain des pampas soit très-uni, j'ai cependant observé qu'il est accidenté par des ondulations faibles, mais d'une grande étendue. Naturellement les plans inclinés devront suivre les accidents marqués par la surface de la terre sur toute l'étendue de la ligne ; mais malgré cela, c'est seulement sur une très-courte partie que les pentes du chemin excéderont

de 15 à 20 pieds par mille. Au passage du Segundo, du ruisseau des Tortugas et du Desmochado, et en descendant le Parana, nous avons trouvé nécessaire d'établir des pentes de
40 pieds par mille. On pourrait à la rigueur éviter les plans
inclinés qu'exigent les petites collines qui bordent les vallées
formées par ces ruisseaux ; mais pour le faire, il faudrait pro-
longer la ligne et décrire des courbes, ce qui entraînerait une
forte dépense additionnelle. Dans le tracé de la première ligne
au-dessus du Desmochado, l'élévation du terrain est si rapide
vers le bord méridional de ce ruisseau, qu'elle exige un plan
incliné de 60 pieds par mille et des déblais considérables. Mais
en remontant la colline au moyen d'un tracé plus oblique, la
pente à donner peut se réduire à 40 pieds par mille. Comme il
devient nécessaire d'établir des pentes semblables sur quelques
autres points, à la vérité peu nombreux, et cela dans le but
essentiel de diminuer les mouvements de terre qu'il aurait
fallu exécuter, on peut en conclure que cette pente de 40 pieds
par mille sera le *maximum* des plans inclinés de toute la
ligne.

La pente la plus considérable adoptée pour le chemin de fer
de Copiapo, au Chili, est de 63 pieds par mille, et je ne conseil-
lerais pas de diminuer les pentes calculées pour le chemin de
Cordova au Parana, puisqu'il est certain que des machines
d'une force égale à celles employées au Chili pourront aisément traîner sur la ligne des pampas un poids de 150 tonneaux. Vouloir diminuer *les pentes* sans qu'aucune nécessité
commerciale ou d'art y oblige, équivaut à augmenter gratuitement la dépense.

L'on verra par la table ci-après que la proportion des pentes
la plus forte est elle-même très-faible ; car, sur un parcours de
150 milles, elles sont au-dessous de 10 pieds par mille ; sur une
étendue de 90 milles, elles sont au-dessous de 5 pieds ; et sur
une étendue de 60 milles, elles ne dépassent pas 3 pieds.

Pentes de Cordova à Rosario.

				milles.
Au niveau du sol et au-dessous de 3		pieds par mille		60.08
—	—	3 à 5	—	31.06
—	—	3 à 10	—	60.21
—	—	10 à 15	—	36.83
—	—	15 à 20	—	22.58
—	—	20 à 25	—	13.11
—	—	25 à 30	—	5.83
—	—	30 à 35	—	6.02
—	—	35 à 40	—	4.07
40 pieds par mille.				7.14
				246.93

Pentes de Rosario au port de las Piedras.

A partir du point de divergence de la ligne précédente :

				milles.
Au niveau du sol et au-dessous de 3		pieds par mille		10.42
—	—	3 à 5	—	3.52
—	—	5 à 10	—	3.67
—	—	10 à 15	—	1.69
—	—	15 à 20	—	1.83
—	—	20 à 25	—	1.12
—	—	25 à 30	—	3.66
—	—	30 à 35	—	1.34
—	—	35 à 40	—	1.69
40 pieds par mille				1.96
				31.00

pieds.

Montée totale de Cordova à Rosario 705.91
Descente   —   —   — 940.69
Montée totale de Rosario au port de las Piedras. . 204.32
Descente —   —   —   —   . . . 247.14

Lignes et courbes.

On trouverait difficilement des chemins de fer dont les conditions de tracé pussent offrir un caractère aussi favorable que celui dont nous nous occupons. Sur sa longueur totale de 247 milles anglais, 240 sont en ligne droite et 7 seulement en courbes. Près de Cordova et de Rosario il faudra établir deux ou trois lignes courbes, dont le rayon n'excède pas un demi-mille, et une autre courbe aura un rayon de 2,000 pieds. Les autres courbes à établir seront excessivement douces, leurs rayons s'étendant depuis 2 jusqu'à 5 milles. D'après ces explications, l'on peut donc conclure hardiment que ce chemin sera construit presque en ligne droite.

Longueur totale du chemin de fer de Cordova à Rosario. . . . . 247 milles.

En droite ligne 240
En ligne courbe . . . . : 7

Les principales lignes droites dont se composera le tracé seront les suivantes :

Une ligne de 80 1/2 milles de longueur.
Une   —   de 66   —
Une   —   de 22   —
Une   —   de 13   —
Une   —   de 15 1/2   —
Une   —   de 14 1/2   —
Une   —   de 8   —

Une ligne de 13 1/2 milles de longueur.
   Deux   —   de 2 1/2   · · —

De Rosario au port de las Piedras, à partir du point de sé-
paration des deux lignes. . . . . 31 3/4 milles.

De cette distance il y aura :

En ligne droite. . . . . : . . 26 1/2 milles.
  —   courbe. 5 1/4

Système de construction.

Il est de la plus grande importance que ce chemin se fasse
avec toute l'économie que comportera la nature des éléments
d'exécution sur lesquels on peut compter ; car ce n'est qu'en
le faisant à bon marché que l'on peut se flatter de réunir le
capital suffisant pour en assurer l'exécution.

On devra se borner à établir une seule voie.

L'exemple des États-Unis autorise à l'entreprendre. — Là
on voit, sur des chemins à une seule voie, avec des pentes rapides et des courbes très-prononcées, circuler de nombreux
trains dans toutes les directions et à une très-grande vitesse ;
mais ici, où il suffira d'un train par jour, avec une vitesse
moyenne qui satisfera tout le monde et où les accidents sont
peu à craindre sur un chemin presque en ligne droite et qui
permet d'apercevoir de fort loin tous les obstacles, une double voie devient tout à fait inutile. Sur une ligne aussi longue,
il sera cependant indispensable d'établir une voie d'évitement
à chaque 20 milles. On pourra les placer aux endroits où sont
les réservoirs d'eau et dans les villes intermédiaires, telles que
Villanueva et Fraile-Muerto.

Pendant que je recommande une économie bien entendue,
économie qu'on obtiendra en évitant des excès de dépenses
pour les stations et les objets de luxe, je n'oublie rien de ce

qui peut être nécessaire pour que le chemin s'exécute dans les conditions les plus solides et plus durables, comme on pourra s'en convaincre par les développements ci-après.

Terrassements.

Les déblais devront avoir une largeur qui ne soit pas inférieure à 20 pieds au fond, afin de faciliter les rigoles. Le sol étant ferme et compact, on pourra couper les talus à un angle de 45 degrés. Les terrassements doivent avoir 0/0 15 pieds de largeur, avec des talus d'environ 34 degrés.

Le sol étant en général uni, il serait désirable, dans un intérêt de drainage, de rehausser, autant que possible, la voie au niveau de la surface générale.

Ponts.

Les seuls ponts de quelque importance sont ceux qu'on doit construire sur le *Segundo* et le *Desmochado*. Le premier devra avoir 750 pieds de long sur une hauteur de 14 pieds ; le second, 180 pieds de long sur 28 pieds de hauteur.

Je propose de faire construire ces ponts en fer au lieu d'employer le bois du pays, non pas qu'il ne soit excellent pour cet usage, mais à cause de la main-d'œuvre pour tous les travaux autres que ceux purement manuels. Ce fer, fondu en Angleterre, reviendra à meilleur marché que le bois du pays travaillé par des Européens, et l'expérience des États-Unis prouve la bonté et les avantages du système que je recommande. Les pièces destinées à former les ponts seraient expédiées par pièces détachées, ce qui rendrait leur transport facile. On aura sur les lieux les moyens de les recevoir et de les placer sur de bonnes fondations en maçonnerie.

Le pont à construire sur la rivière *Segundo* est de quelque importance, à cause de la largeur de la rivière. Son lit étant en sable, les ouvrages en maçonnerie devront s'élever sur des pilotis, pour lesquels on peut se procurer le bois sur les lieux mêmes. Le pont du *Desmochado* doit être bâti sur une fondation en pierre.

Sur le reste du chemin, il y aura à construire cinq autres petits ponts, savoir : deux de 15 à 20 pieds, à la montée vers Cordova ; un au passage du Tortugas, de 30 pieds de long sur 10 de haut, et trois petits sur les ruisseaux qui traversent la *canada de Gomez*, chacun de 20 pieds de long sur 6 à 10 d'élévation. Ces constructions de peu d'importance pourront s'exécuter en bois ou en maçonnerie, et en bois combinés ensemble.

Quelques petits aqueducs (openings), de 2 ou 3 pieds de largeur pour donner passage aux eaux, complètent les travaux d'art qu'exige la voie proprement dite. Ces aqueducs pourront être construits avec le bois du pays, qui est très-bon pour ces sortes d'ouvrages et pour ainsi dire indestructible. Il serait difficile de citer un chemin de fer d'une pareille étendue dont les accessoires, qui d'ordinaire absorbent une bonne partie du capital de construction, aient occasionné une aussi faible dépense.

Si on exécutait la ligne de prolongement jusqu'à Piedras, il faudrait construire sur le Saladillo, le Seco et le Pavon, des ponts de 30 à 60 pieds de long sur une hauteur de 8 à 14 pieds. On pourra également les construire en bois sur des piliers de briques.

Stations.

A l'endroit où l'on se décidera à établir la gare, sur les bords du Parana, il faudra construire une remise pour les machines, un atelier de réparations, des magasins, des salons pour les voyageurs, des bâtiments pour les bureaux et les autres branches du service, des hangars pour les bois, ainsi que toutes les dépendances nécessaires. Il faudra en faire autant à la gare de Cordova ; mais toutes ces constructions pourront s'exécuter en briques, à la mode du pays, qui n'est pas dispendieuse. De quelque temps il ne faudra sur la ligne que des constructions de peu d'importance, telles que magasins et maisons pour les employés, qui d'ailleurs s'exécuteront, à peu de frais, avec les matériaux et les ouvriers du pays.

Réservoirs ou dépôts pour l'eau.

J'ai déjà parlé de la difficulté de se procurer toujours et partout de l'eau pure pour les locomotives ; la nécessité d'y pourvoir d'une manière sûre entraîne quelque dépense, car on ne saurait se servir des eaux de puits, du moins jusqu'à ce que l'expérience éclaire suffisamment sur ce point. Si la nécessité s'en fait sentir, on creusera des réservoirs pour y recueillir les eaux pluviales, ce qui pourra se faire aisément et avec une faible dépense, en pratiquant des ouvertures ou fossés qui conduiront les eaux des petites vallées vers les réservoirs. Dans le cas où les eaux du *Desmochado*, de la *canada de Gomez* et du *Tortugas* seraient reconnues mauvaises, des dépôts de cette nature pourront être formés au moyen de trous pratiqués dans la terre.

D'ailleurs, les pluies sont très-fréquentes dans la partie de la route où le manque d'eau de source ou de puits pourrait se faire sentir.

Au centre de la ligne, et dans un parcours de 15 milles, le Tercero fournit de l'eau d'excellente qualité. Entre cette rivière et le Segundo, on a une source permanente appelée *Ojos de Agua*. Au moyen de ces ressources et à l'aide de réservoirs, on peut parfaitement pourvoir aux besoins du service des machines dans toute cette section de la ligne.

Nous avons fait observer que les eaux du Segundo sont renommées pour leur qualité supérieure, et l'on doit se rappeler qu'à Cordova, les eaux du Primero ne laissent rien à désirer.

Il serait peut être à craindre que dans un climat aussi chaud, les évaporations des réservoirs fussent considérables ; nous observerons, à ce sujet, que dans ces climats, l'hiver n'est pas la saison des pluies, et que la température y étant assez froide, l'évaporation est comparativement petite. Dans la province de Cordova, l'on éprouve quelquefois de longues sécheresses ; mais même dans ce cas, si l'eau venait à manquer dans les réservoirs, et si celle des puits était reconnue mauvaise, on pourrait y suppléer en employant de doubles tenders pour transporter l'eau du *Tercero* et du *Segundo*. On aura cependant rarement, je présume, à employer ce moyen, et l'on doit être complétement rassuré sur ce point par l'avantage qu'offre la rivière Tercero qui coule vers le milieu de la ligne sur une étendue de 45 milles.

Nonobstant ces considérations, il est à observer que le devis estimatif pourvoit largement au service de l'eau pour les machines.

Voie ou railway.

Elle se compose de rails du poids de 56 livres (poids de troy) par *yard* linéaire, appliqués sur des traverses de 8 pieds de long, de 6 à 9 pouces de largeur sur 5 à 6 d'épaisseur, et placés sur des traverses à la distance de 2 pieds 9 pouces d'intervalle. Ce système est le même qui a été suivi pour le chemin de fer de Copiapo, qui a des rails absolument du même poids. La voie ne pourra pas être recouverte de balastage, parce que le pays ne fournit pas la matière indispensable à cet effet; ainsi donc les traverses doivent reposer sur le sol nu.

Mais ce terrain étant ferme et parfaitement solide, et non sujet à se ramollir ni par les neiges, ni par les gelées, il suffira de le bien drainer pour remédier à tout inconvénient, et l'on peut se convaincre par le devis, ainsi que je l'ai déjà observé, qu'il a été amplement pourvu à tous les besoins du drainage.

La largeur de la voie a été fixée à 5 pieds 6 pouces.

Quai sur le fleuve Parana.

Quel que soit le point que l'on choisisse pour établir la gare sur le fleuve, il faudra songer à y bâtir un quai ou débarcadère qui facilite aux charrettes, ainsi qu'aux voitures, la libre circulation de la station au rivage. Quoique cette construction ne doive pas être regardée comme absolument indispensable, on ne saurait en méconnaître l'importance, puisqu'on peut l'exécuter avec une dépense modérée.

A cet effet, l'on devra disposer un terrassement suffisamment large, ayant une hauteur de quelques pieds au-dessus de la partie du rivage atteinte par les plus fortes crues d'eau. Le maximum de la hauteur de ce terrassement devra être de 12 pieds et son minimum de 6.

Cet ouvrage en terre devra être protégé par une enceinte de planches et de pilotis assujettis ensemble et liés à un rang intérieur de pilotis plus courts. L'ouvrage en bois devra s'étendre à angle droit à quelque distance, pour éviter que le choc des eaux contre le terrassement ne l'endommage et n'en diminue la durée. Il sera nécessaire de recouvrir de barrières en bois toute la partie extérieure du quai.

Sa superficie ne devant pas être moindre de 50 yards de front, sur 10 de large et 15 pieds de profondeur dans la rivière au moment des plus basses eaux, il serait aussi convenable de recouvrir le quai avec de fortes planches en bois.

Le bois que fournissent les rives du Parana est d'une excellente qualité pour ces constructions, qui pourront d'ailleurs être étendues à mesure que l'exigeront les besoins du commerce. Il y aurait un avantage reconnu à asseoir la construction du quai sur un grand terrassement qu'on devrait faire dans le bas-fond du rivage, sur une étendue de 300 pieds de largeur. La terre nécessaire pour faire ce grand remblais serait fournie par le déblai qu'exige la descente de la pampa au bord du fleuve. L'on doit aussi ne pas perdre de vue que le gouvernement accorde gratuitement tous les terrains qui seront nécessaires pour exécuter ces constructions.

La carte jointe à cette étude achèvera de démontrer d'une manière plus claire ce que je viens d'exposer.

Devis estimatif.

Ligne de Cordova à Rosario, distance : 247 milles anglais (78 lieues espagnoles).

1° *Mouvement de terres.*

Pour dépenses de terrassements, remblais, déblais, déboisement et tous les ouvrages de terre proprement dits, on évalue la dépense totale à la somme de (piastres fortes ou dollars) . . . . dollars   656,000

2° *Ponts.*

Un pont en fer sur le Segundo.	75,000
Un d° sur le Desmochado.	30,000
Divers petits ponts et passerelles.	48,000
	dollars 153,000

3° *Voie.*

Évaluation par mille anglais.

88 tonnes de *rails* (56 livres poids par yard linéaire) au prix de 60 dollars la tonne, fret compris . . . . dollars	5,280
600 coussinets en fer, pesant 8 livres chaque, soit 4,800 liv. à 3 1/2 cents de dollar la livre.	168
6,000 livres chevillettes à 3 1/2 cents de dollar la livre	210
2,000 traverses à 1 dollar 50 cents	3,000
Main-d'œuvre	800
Frais de déchargement et de réception	100
Frais de route, transport compris	400
Pose de la voie, usure, pertes éventuelles	542
Par mille . . . dollars	10,500

247 milles, distance totale de Cordova à Rosario, à 10,500 dollars le mille	2,793,500
6,000 chevillettes	63,000
(Semelles, écrous, etc.)	16,500
dollars	2,673,000

4° *Matériel.*

Machines et outils pour l'atelier de réparation, soit.	20,000
12 Locomotives de la meilleure construction livrées sur le Parana, à 12,000 dollars chaque .	144,000
10 Wagons pour voyageurs de 1re classe à 2500ᵈ	25,000
10 dᵒ dᵒ dᵒ de 2° classe à 1000ᵈ	10,000
150 dᵒ pour marchandises, à 800 dollars . .	120,000
Roues et pièces de rechange, divers objets éventuels	31,000
dollars	350,000

Devis général.

De Cordova à Rosario.

Mouvement de terres. . . . . dollars	656,000
Ponts et ouvrages en maçonnerie	153,000
Voie	2,673,000
Matériel.	350,000
Stations, y compris celles sur le fleuve.	280,000
Administration, surveillance, commission et service d'ingénieur	300,000
Quais.	40,000
Terrains et expropriation (gratis)	» »
Frais de déplacement d'ouvriers à faire venir d'Europe, et autres dépenses.	70,000
Augmentation pour imprévu 10 0/0.	452,200
dollars	4,974,200
Soit en nombre rond	5,000,000

Ce qui revient à 20,250 dollars par mille.

De Cordova au port de Las Piedras, passant par Rosario.

Mouvement de terres.	Remblais et déblais, talus, etc. . .	718,000
Ponts . .	Comme ci-dessus. . dollars 153,000 En addition, pont du Saladillo 8,000 id. id. Seco. . 6,000 id. id. Pavon. 9,000 id. divers petits ponts 11,000	dol. 187,000
Voie. . . .	277 milles 1/4 à 10,500 dollars par mille.	2,911,125
	7 milles, ponts, stations, etc.. .	73,500
0/0.	Croisements, plaques tournantes .	17,000
dollars		3,000,625

Devis estimatif général.

Ligne de Cordova à Las Piedras, passant par Rosario. Distance :
277 1/4 milles anglais ou 87 1/2 lieues argentines.

Mouvement de terres . . . . dollars		718,000
Ponts.		187,000
Voie		3,001,625
Matériel.		350,000
Stations et accessoires		305,000
Direction administrative et service des ingénieurs.		300,000
Quai au Parana		40,000
Terrains et expropriations		» »
Frais de déplacement d'ouvriers à faire venir d'Europe, etc..		70,000
	dollars	4,971,625
Ajoutant 10 0/0 pour imprévu.		497,162
		5,468,787
Soit en chiffres ronds		5,475,000

Ce qui donne 12,800 dollars par mille anglais.

Il faudra environ cinq ans, à dater du jour où l'on commencera les travaux, pour achever la ligne projetée, à la condition que l'on y travaillera sans interruption.

Dans l'évaluation énoncée, on n'a compris que les déboursés matériels sans rien ajouter pour les intérêts des capitaux. La voie pourra être ouverte à la circulation dans un espace de trois ans, sur une étendue de 50 milles, de Rosario à Villanueva, le tout moyennant la dépense de 3,000,000 de dollars. L'ouverture de cette section du chemin lui assurerait le trafic des provinces de Mendoza et San-Luis.

Je m'attends à la critique de ceux qui liront ce mémoire, au point de vue des données européennes, et qui ignoreront les circonstances spéciales à l'Amérique du Sud ; les uns diront que j'ai fait une estimation trop faible, et d'autres pourront trouver la somme d'un million de livres sterling insuffisante pour l'exécution d'un chemin de cette étendue.

Mais cette opinion sera immédiatement rectifiée par les hommes compétents et sérieux qui réfléchiront aux conditions du pays pour lequel les calculs ont été faits, et qui examineront avec soin tous les renseignements que mon travail fournit. En effet, ils remarqueront facilement que les travaux qui coûtent généralement le plus dans les tracés de chemins de fer, n'occupent dans cette étude qu'une valeur relativement petite ; d'abord tous les terrains nécessaires pour établir les stations et leurs dépendances, sont fournis gratuitement par le gouvernement ; ensuite sur une étendue de 247 milles il ne se trouve que 4 milles de terrains fortement accidentés. Le peu de mouvement de terre qu'on aura à exécuter sur une étendue d'environ 40 milles n'excède pas dix pieds ; tandis que sur un espace de 200 milles, le terrain est parfaitement uni et le mouvement de terre à effectuer devient complétement nul.

Pour les ouvrages d'art, nous n'avons que deux ponts de quelque importance, les autres ouvrages de maçonnerie se réduisant à des constructions peu coûteuses. Sur toute la ligne on ne trouve pas un rocher, pas même une pierre, et le peu de déblais dont on aura à s'occuper portent sur de la terre qui, quoique dure, est facile à travailler. Sur l'immense étendue des plaines formées par *la pampa*, il ne se trouve pas un seul endroit marécageux ; ces circonstances autorisent à conclure qu'on chercherait vainement sur le globe, un espace, d'étendue égale, où il y aurait à vaincre moins d'obstacles naturels.

J'évalue les *rails* à 60 dollars par tonne livrés au port de Rosario, exempts de tous droits. Au prix où sont cotés les fers en Angleterre, je crois mon évaluation plutôt au-dessus qu'au-dessous du déboursé réel que nécessitera l'opération. J'ai estimé les traverses à 1 dollar 50 cents la pièce. La province de Cordova abonde en bois dont la qualité, quoique inférieure à celle que fournissent d'autres districts, est cependant très-bonne pour cet usage. Le prix de la pièce de bois propre à construire une traverse est, à Cordova, de 4 à 6 réaux, et vers la partie méridionale de la ligne, on pourrait recevoir le bois par le Parana, à un prix qui n'excéderait pas 10 à 12 réaux par pièce. Il est même probable qu'on obtiendrait au Rosario le bois à un prix inférieur à celui que je viens de marquer, si on en faisait une grande commande.

Mais c'est plutôt une question de temps que d'argent, car si le pays ne pouvait fournir les bois nécessaires dans le temps requis, on aurait toujours la facilité de se procurer autant de traverses qu'on voudrait en les faisant venir des États-Unis ou du Canada, à un prix certainement inférieur à celui qui vient d'être indiqué.

La somme de 350,000 dollars affectée au matériel paraîtra sans doute petite, mais elle suffit pour défrayer l'achat et le transport des machines nécessaires à desservir un mouvement modéré de 50,000 tonnes par an, mouvement qui quoique des·tiné à s'accroître par la suite, sera pour le présent suffisamment doté avec le matériel compris dans l'évaluation. Je crois avoir pourvu assez largement à tous les autres objets que comprend l'estimation, et pour ne pas paraître imprévoyant, j'ai même ajouté au chiffre total 10 0/0 pour parer aux éventualités.

Le capital de la Compagnie concessionnaire du chemin de fer de Copiapo au Chili, est de 2,400,000 de dollars destinés aux travaux, le demi-million ajouté depuis, ayant été affecté au service des intérêts et à d'autres charges étrangères à la construction proprement dite. On peut donc évaluer à 26,000 dollars par mille le coût réel de ce chemin de fer, et quoique le terrain qu'il parcourt soit en général uni, il s'y rencontre des accidents plus considérables que dans les pampas, et son prix de revient doit être estimé supérieur à celui de la ligne de Cordova. D'abord il faut considérer une ligne courte comme relativement plus coûteuse qu'une ligne très-étendue, car les stations ainsi que les autres travaux d'art étant à peu près de la même importance, retombent sur un moindre nombre de milles. Le quai de Caldera, au Chili, a coûté 75,000 dollars, ce qui fait 1000 dollars par mille pour toute la ligne, tandis que le même objet sur la ligne de Cordova ne revient qu'à 200 dollars par mille. Pour le chemin de Copiapo, la valeur des terres augmenta le prix de 1,000 dollars par mille, dépense qui disparaît entièrement pour le chemin de Cordova. Le matériel a dû revenir plus cher pour le Chili, ainsi que la dépense de son entretien, tant pour les machines que pour le prix des fourrages, article qui, sur le territoire Argentin, doit être considéré comme à peu près gratuit.

J'ai insisté sur la comparaison avec le chemin de Copiapo, parce que c'est la seule ligne qui existe dans l'Amérique du Sud, et que le prix de revient en est parfaitement connu ; dès lors il offrait une base pratique pour juger de la justesse de mes calculs.

On a cru que la construction de notre chemin de fer exigerait l'envoi d'un grand nombre d'ouvriers étrangers ; mais on s'est trompé à cet égard, car le pays pourvoira amplement, et à des prix forts raisonnables, au travail purement manuel, dans la mesure limitée que réclament les travaux du chemin de fer. Je calcule que le nombre de 600 à 800 ouvriers suffira pour exécuter la masse principale des travaux, travaux qui, en réalité, sont si peu importants dans ce qui a rapport surtout au mouvement de terre, qu'environ 200 à 300 ouvriers suffiront pour les terrassements. En fait de main-d'œuvre étrangère on pourra donc se contenter de faire venir quelques mécaniciens et ouvriers spéciaux.

D'ailleurs, non-seulement les salaires sont minimes dans le pays, pour ce qui concerne le loyer matériel des bras, mais encore les subsistances sont très-bon marché. La viande qui en forme la base principale, se vend en détail, dans les marchés de Cordova et de Rosario, à trois centimes la livre ; à la campagne, sur pied et en grande quantité, on l'aurait encore à meilleur marché ; mais on sera encore plus étonné de savoir qu'on considère dans le pays la viande comme chère, et elle l'est réellement, en comparaison à ce qui se passait il y a quelques années, alors que le bétail était abattu seulement pour avoir la peau et que les dépouilles étaient abandonnées.

La demeure et l'entretien de l'ouvrier argentin ne lui coûtent pas plus cher que sa nourriture. Une cabane construite en terre ou une tente faite avec des peaux de bœuf, suffisent pour l'abriter, et encore couche-t-il la plupart du temps sous la voûte de ce beau ciel.

Le prix de la journée au Rosario est maintenant de 50 à 60 cents de dollar, et à Cordova de 8 dollars par mois, et la nourriture, évaluée à 4 dollars. J'ai trouvé partout ces ouvriers tranquilles, soumis et agiles de corps. La facilité qu'il y a de vivre dans ces contrées de riches pâturages, a peu favorisé jusqu'à présent la concentration des masses d'ouvriers ; mais je ne doute pas que bien dirigés et bien traités, on ne puisse en tirer parti pour des travaux permanents. Cette opinion se trouve parfaitement confirmée par ce qui se passe actuellement aux mines exclusivement travaillées par des ouvriers libres, et par ce qui s'est fait au Chili, dont le chemin a été exécuté par des ouvriers du pays.

Il est donc évident que des raisons d'économies recommandent l'emploi des ouvriers du pays pour l'exécution du chemin, à moins cependant que la Compagnie appelée à le construire ne combinât point cette affaire avec un système d'émigration, qui serait tout à fait à son avantage et à celui du pays lui-même, système qui pour lors exigerait une méthode contraire à celle que nous venons d'indiquer. Les émigrants employés aux travaux pourraient être établis sur les terres qui bordent la ligne et qui ont été concédées gratuitement par le gouvernement à la Compagnie.

J'ai dû m'appesantir sur les détails relatifs au prix de revient du chemin, pour bien convaincre mes lecteurs de l'exactitude de mes évaluations qui, je n'en serais pas surpris, pourraient paraître légères et insuffisantes à ceux qui se laisseraient impressionner par l'importance d'une entreprise entièrement neuve dans ce pays.

J'ai compté aussi sur la fermeté, l'honnêteté et la popularité du gouvernement actuel de la confédération, sous lequel la paix rétablie pourra se conserver, ainsi que sur la sécurité et la tranquillité dont le maintien est si nécessaire à l'avenir et à la prospérité du pays, car avec des troubles et une nouvelle guerre civile, on conçoit bien que les plus sages prévisions pourraient se trouver démenties.

Mouvement commercial et revenu probable de la ligne.

Dans le manque presque complet de renseignements statistiques officiels et plus encore dans la difficulté de s'en procurer pour tout ce qui a rapport aux matières administratives, inconvénient que l'on sait être commun à tous les pays habités par la race espagnole, on comprendra la difficulté que j'ai dû éprouver à me procurer des renseignements précis sur le mouvement commercial des provinces intérieures de la république Argentine, qui peut être considérée comme l'Arabie de l'Amérique Méridionale.

Avec cette réserve et dans la persuasion que les évaluations ci-après sont au-dessous plutôt qu'au-dessus de la vérité, je vais présenter et résumer dans le tableau suivant les renseignements que j'ai pu obtenir sur le mouvement commercial de ces provinces pendant l'espace des six derniers mois.

Tableau du mouvement commercial entre Rosario et les provinces intérieures.

MOIS.	NATURE du TRANSPORT	ARRIVÉES AU ROSARIO							TOTAL DES CHARIOTS ET MULETS.	POIDS		DÉPARTS DU ROSARIO							TOTAL DES CHARIOTS ET MULETS.	POIDS		TOTAL DU TONNAGE par mois.
		CORDOVA	SANTIAGO	TUCUMAN	SALTA	SAN-LUIS	MENDOZA	SAN-JUAN		Par Arrobe	Par tonne.	CORDOVA	SANTIAGO	TUCUMAN	SALTA	SAN-LUIS	MENDOZA	SAN-JUAN		Par Arrobe	Par tonne.	
1854 Décembre.	Chariots....								301	57,190	115								269	54,110	639	1947
	Mulets.....								1989	27,846	348								1400	19,600	245	
	Total...								....	85,036	1063								....	70,710	884	
1855 Février...	Chariots...	135		38		6	54		233	44,270	553	140		49		9	51		249	47,310	591	1288
	Mulets....						63	318	381	5,334	67				125		32	279	436	6,404	77	
	Total...								....	49,604	20								....	53,414	658	
Août......	Chariots....	192	46	56			51		345	65,550	819	136		20			30		186	35,340	442	1553
	Mulets.....						358	465	823	12,138	152	66			118		221	440	845	11,214	140	
	Total...								....	77,688	971								....	46,554	582	
Septembre.	Chariots....	210		44			33		287	54,530	682	216		32			55		303	57,570	719	1564
	Mulets.....						314	143	457	6,398	82	67			103		156	148	474	6,636	83	
	Total...								....	60,928	762								....	64,206	802	
Octobre...	Chariots....	120					16		136	25,840	323	86		64			69		219	41,610	520	1025
	Mulets.....						529	131	660	9,240	115						101	282	383	5,362	67	
	Total...								....	35,080	438											
Novembre.	Chariots....	132					50		182	34,580	432	164		123		10	75		372	70,680	884	1466
	Mulets.....						402	335	787	10,318	129						58	65	123	1,722	21	
	Total...								....	44,898	551								....	72,402	903	

RÉSUMÉ

MOIS.	CHARIOTS.	MULES.	POIDS.		
			ARROBE.	TONNEAU	
Décembre.....1854.	570	3,389	155,746	1,947	Le nombre de mules est probablement inférieur à la réalité pour ce mois.
Février.......1855.	482	817	103,048	1,288	
Août.......... »	531	1,668	124,242	1,553	
Septembre ... »	590	931	125,134	1,564	
Octobre .... »	855	1,043	82,052	1,025	Temps très-pluvieux. Route difficile.
Novembre..,... »	554	860	117,300	1,466	D° d°
Tot. pour les six mois	3,082	8,708	707,492	8,843	A cause du mauvais état des routes beaucoup de charrettes suspendirent leurs voyages.
Moyenne par mois..	514	1,425	117,916	1,474	
Total pour l'année..	6,164	17,102	1,414,992	17,686	

J'ai dit précédemment que le mouvement commercial des provinces que doit parcourir le chemin de fer est beaucoup plus considérable que ne semble le représenter les renseignements que je viens de grouper, et cette opinion paraîtra tout à fait plausible dès qu'on réfléchira que dans le système de transport actuellement en usage par charrettes et à dos de mulet la route directe de Buenos-Ayres à Mendoza est généralement suivie pour tout le trafic qui s'échange entre les côtes de l'Atlantique et le Chili par les Cordillères; mais ce trafic, il faut bien s'y attendre, changera entièrement de route et adoptera la voie plus économique de remonter le Parana, pour poursuivre ensuite par le chemin de fer jusqu'à Cordova et se diriger de là soit vers Mendoza, soit vers les provinces du haut Pérou.

Ainsi donc, en fait d'évaluations et d'aperçus relatifs au mouvement commercial de cette partie de l'Amérique Méridionale, les données que je présente ne doivent être considérées que comme un *minimum*, un pis aller de l'avenir commercial réservé au chemin de fer.

Sous cette réserve donc, je vais poursuivre l'examen des éléments incomplets du trafic qui a lieu actuellement dans l'intérieur de ces provinces.

Après avoir énuméré l'importance du transport en marchandises, lequel doit nécessairement s'accroître par la facilité des avantages qu'offrira le chemin de fer, essayons de constater ce qu'on peut attendre relativement aux voyageurs. Jusqu'à présent le nombre des voyageurs a dû en être excessivement réduit, même nul, car ce n'était que sous l'empire de la plus impérieuse nécessité qu'on entreprenait un voyage dans l'intérieur. Il y a un an on a établi des diligences du Rosario sur Cordova et d'autres villes de l'intérieur. Les départs de ces diligences, fixés d'abord par quinzaine, s'effectuent maintenant tous les huit jours, et il a suffi de ce premier encouragement donné à la locomotion pour que le nombre de voyageurs se soit accru si rapidement que les voitures ordinaires ne suffisant généralement pas, la Compagnie se voit obligée de faire partir plusieurs voitures supplémentaires. Une autre diligence a été établie de Cordova à Mendoza, et pendant la saison d'été elle ne suffit pas aux demandes du public. Des services de la même nature sont établis de Cordova à Tucuman et vont être prolongés jusqu'à Salta. C'est le gouvernement qui a organisé ce service, placé sous la direction d'un homme habile, service d'ailleurs qui est susceptible d'un développement qui prouve les bonnes dispositions du pays à seconder tous les progrès dont on voudra le doter.

Aux voyageurs que transportent les diligences, on doit ajouter ceux qui se servent de voitures particulières, de chevaux de poste, ainsi que ceux qui se réunissent en caravanes de chariots et de mulets.

Aux aperçus qui précèdent sur l'importance des transports actuels en marchandises et du nombre de voyageurs, ajou-

tons les indications relatives aux prix que ces transports coûtent. De Rosario à Cordova le port des marchandises se paie
de 25 à 42 cents de dollar l'arrobe, ce qui revient à
25 dollars la tonne. De Cordova à Mendoze le prix est de
50 à 60 dollars la tonne. Une bonne partie du mouvement
commercial de Mendoza à San-Luis appartiendrait nécessairement au chemin de fer, et peut être évaluée (de Rosario à Villa-
nuéva) à environ 17 dollars la tonne.

D'après ces données, je calcule donc que le mouvement actuel s'élève à

14,000	tonnes de Cordova aux provinces intérieures, à raison de 25 dollars par tonne. . .	. doll.	360,000
3,600	tonnes, de Mendoza à San-Luiz, à 17 doll.		61,000

18,000   tonnes.

Montant du fret payé pour le mouvement actuel des marchandises	421,000
Montant des recettes que font actuellement les diligences et voitures particulières	35,000
Dollars.	456,000

Comme on voit, je n'ai nullement exagéré l'importance du
mouvement actuel, soit en marchandises, soit en voyageurs,
et l'on comprend facilement de quel développement, non-
seulement probable, mais à coup sûr certain, est susceptible
ce mouvement, par suite de l'établissement du chemin de fer.
Son avenir tout entier repose sur la solution favorable de
cette question.

Pour peu familiarisé que l'on soit avec l'état actuel de ce
pays, on ne peut conserver le moindre doute sur les progrès
visibles qu'il fait sous tous les rapports : le commerce s'y accroît, l'industrie s'y crée, les moyens de communication s'aug-
mentent ; on tente des efforts multipliés pour améliorer les
moyens de transport et pour abréger le temps qu'emploient
les lourdes charrettes qui desservent tout le commerce entre

l'intérieur et les côtes. La longue et pénible route qui, de ces provinces intérieures, conduit à l'océan Pacifique à travers la cordillère des Andes, doit disparaître pour faire place à la route facile et obligée qui leur ouvrira le Parana dès que le chemin de fer sera établi. Le transport des marchandises de Salta à Rosario coûte un peu meilleur marché que par la route des Andes; mais le temps qu'on emploie est en faveur de cette dernière, et, en conséquence, presque tout le commerce d'importation des provinces de Salta et Jujuy se fait actuellement par l'océan Pacifique. La distance de Mendoza à Rossario est de 244 lieues, et de la première de ces villes à Valparaiso, de 120 lieues. Malgré cette différence, dès que le chemin de fer sera établi, il est peu douteux qu'une grande partie du trafic entre le Chili et Buénos-Ayres se déplacera et prendra la route de Cordova.

Actuellement, les charrettes traînées par des bœufs, qui desservent le commerce entre Valparaiso et Mendoza mettent 60 jours à faire le voyage, mais on s'occupe à monter un service spécial par des chariots traînés par des mules, au moyen duquel le même trajet se fera dans la moitié de ce temps. Cette amélioration donne une nouvelle probabilité au déplacement du commerce, par suite de l'établissement du chemin de fer, car alors on n'emploirait plus que 18 jours de Rosario à Mendoza. On doit se rappeler que la route par les Cordillères, n'est pas accessible aux charrettes, et au surplus, elle est interceptée pendant l'hiver. Il suffira d'améliorer au moyen de charrettes traînées par des chevaux ou par des mules, le service entre *Salta* et *Tucuman*, pour que l'économie de temps vienne à son tour favoriser la direction du commerce intérieur vers le Parana.

La construction du chemin de fer rapprochera Salta de Cordova à une distance seulement de 230 lieues, car les obstacles que présentent les rivières *Dulce* et *Pasage* peuvent être facilement surmontés en construisant des ponts et en exécutant d'autres ouvrages peu dispendieux.

Ces améliorations sont dignes de fixer toute l'attention du
gouvernement de ce pays, car je trouve mon opinion confirmée
par celle des hommes les plus compétents sur le déplacement
probable en faveur du Parana, non-seulement du commerce
des provinces septentrionales de la Confédération, qui actuellement se fait par la route des Andes, mais encore à l'égard des
provinces méridionales du haut Pérou.

L'on ne saurait, en se livrant à l'examen des probabilités de
l'accroissement du trafic de ces contrées, passer sous silence
ce qu'on doit attendre de l'industrie minière. J'ai déjà parlé
des mines d'argent de Cordova, mais d'après tout ce que j'ap-
prends, c'est de celles de cuivre de Catamarca qu'il faut attendre les transports les plus considérables, et actuellement
l'on s'occupe d'organiser l'exploitation de ces mines sur une
plus grande échelle, et de monter un service de wagons pour
expédier le métal à Rosario. D'après les rapports officiels du
gouvernement de Catamarca, le produit de ces mines s'est
élevé, en 1854, à 5,000 quintaux, soit 250 tonnes de cuivre en
barres, dont 230 ont pris la route de Rosario. Rappelons toute
fois que cette nouvelle branche d'industrie, tout à fait encore dans l'enfance, recevra une impulsion extraordinaire par
les facilités que lui donnera le chemin de fer. Le fret d'une
tonne de cuivre de Catamarca à Rosario, coûte actuellement
120 dollars, et exige une durée de 45 à 50 jours. En réduisant
de moitié ce temps et ce prix, cette branche de richesse ne
pourra manquer d'acquérir un grand développement.

Sans rien attendre donc d'exagéré et ne comptant que, sur
le progrès naturel de l'agriculture et du commerce, sur les
produits des mines en exploitation et sur le détournement
en faveur de la ligne du Parana, d'une partie du commerce qui
se fait par la mer Pacifique, il nous semble qu'on peut calculer
sur une augmentation des transports s'élevant d'au moins
à 24 mille tonnes.

En supposant que le chemin de fer s'exécute et que dans un
space de 5 à 6 ans, il lie Cordova à Rosario, le résultat immé-

diat serait que par l'absorption exclusive du mouvement commercial, qui actuellement se fait dans le pays et sans calculer sur l'augmentation naturelle que ce mouvement devra avoir par suite de l'établissement de la voie, on obtiendra dès le commencement un intérêt de 6 0/0 sur le capital de 5 millions de dollars employés à le construire. Ce résultat étant certain, à quoi ne devra-t-on pas s'attendre en faisant entrer dans les évaluations du produit, l'augmentation probable de trafic et de mouvement qui partout et toujours suit l'établissement d'un chemin de fer? D'ailleurs, en livrant à la circulation les différentes sections de la ligne, à mesure que les travaux avanceront, on peut s'attendre à ce que l'augmentation de trafic, sur laquelle on doit raisonnablement compter, se trouvera déjà réalisée au moment de l'ouverture générale de cette ligne.

L'article *voyageurs*, dans nos évaluations des produits, est presque nul, parce que nous avons voulu nous borner au chiffre que donne le mouvement actuel, mais il serait absurde de ne pas adopter hardiment une opinion favorable à l'accroissement rapide et même considérable du nombre de voyageurs : car, non-seulement il faudrait, pour hésiter à la former, se mettre en contradiction avec ce qui a été observé dans tous les pays où on a ouvert des chemins de fer, mais fermer les yeux sur ce qui se passe dans cette partie même de l'Amérique du Sud. En effet, les moyens de communication sont si imparfaits et les périls, les fatigues et la longueur des voyages généralement si redoutés, que les négociants, de l'intéreur et ceux des côtes, qui, par la nature de leurs affaires, sentent le besoin constant de se rapprocher et de communiquer entre eux, y renoncent et ne se décident à braver la route que dans les cas les plus urgents. La diligence de Cordova à Rosario, met quatre jours à franchir cent-douze lieues. Elle fait payer 28 dollars par place, et les voyageurs éprouvent toutes sortes de privations sur la route. On peut facilement se former une idée du changement que dans cet état de choses est appelé à introduire l'établissement de la voie, qui permettra aux habitants de ces contrées de faire la même route en 12 heures de temps, à moitié prix et avec un grand *confort*. Les villes intérieures de la Confédération sont complétement inconnues actuellement aux habitants des côtes et l'on doit naturellement s'attendre à un mouvement réciproque d'attraction des uns vers les autres, parmi les citoyens de Buénos-Ayres, de Montevideo, de Corrientes, de Santa-Fé, de Cordova et des villes principales de la Confédération, dès qu'ils pourront se déplacer avec la vitesse et la commodité que permet l'emploi de la vapeur. Les trains de plaisir de Rosario à Cordova seront, je n'en doute pas, une source féconde par le revenu du chemin, si nous en jugeons par ce qui se passe dans la ligne de Copiapo dans le Chili, et l'on doit compter aussi sur un mouvement non indifférent de la population ouvrière, en lui fournissant des wagons de 2e et de 3e classe à des prix réduits.

Sans s'abandonner à des conjectures hasardées, renonçant ainsi que je me le suis imposé dans l'exécution de ce travail, à toute appréciation trop favorable, il est cependant impossible de pas admettre que l'*article* voyageurs, négligé dans mon estimation des produits jusqu'à le réduire au nombre des voyageurs actuels, devra suivre une proportion analogue à ce qui se passe sur la ligne du Chili. Cette ligne a transporté à la troisième année de son ouverture 45,000 voyageurs, soit 125 voyageurs par jour. Avant son établissement, ce nombre était représenté par le chiffre de 8 à 10. On pourrait objecter que la ligne chilienne jouit d'avantages particuliers, tels que la fréquence des bâtiments à vapeur qui mouillent dans ses ports et son voisinage des riches mines d'argent. Mais à l'encontre de ses avantages il faut considérer que ce chemin traverse un véritable désert, ne peut pas desservir dans son parcours des populations de la moindre importance, et tire de ces extrémités tous ses éléments de vie. La route de Cordova à Rosario traverse un pays relativement peuplé, susceptible de l'é tre davantage, se liant avec des contrées d'un grand avenir et servant de noyau aux communications de provinces qui exportent des produits qui entrent pour beaucoup dans le commerce du monde.

On se formera d'ailleurs une idée de ce qu'on peut attendre sur cette ligne relativement à l'augmentation du nombre de voyageurs, sachant qu'au Chili on calcule qu'aussitôt que le prolongement du chemin ira jusqu'à Santiago, le nombre de voyageurs s'accroîtra de 300,000 par an.

Ainsi les calculs que j'ai présentés, basés sur une appréciation affaiblie du mouvement actuel, doivent servir à encourager les espérances que l'on est en droit de former sur l'avenir de la ligne de Cordova; car s'il est de fait que l'établissement du chemin de fer de Copiapo a augmenté le mouvement commercial de douze à quinze fois de ce qu'il était auparavant, l'augmentation qu'on présume pourra être doublée par l'ouverture de l'embranchement de Santiago. L'on ne saurait admettre le moindre doute relativement à obtenir des résultats analogues pour la ligne de Cordova au Parana. Je dirai plus, il existe des avantages réels en faveur de cette dernière, qui parcourra un pays plus étendu à la vérité, mais plus peuplé, qui offre des avantages incalculables à la colonisation, qui est traversée par de beaux fleuves navigables, auparavant fermés au commerce du monde par la tyrannie de Rosas, et actuellement ouverts pour la première fois aux bénéfices d'un commerce qui leur avait été interdit. Les côtes du Chili étant fréquentées depuis vingt ans par la navigation à vapeur, son chemin de fer a pu en profiter, tandis que le Parana fermé à la navigation extérieure jusqu'à ces derniers temps, commence seulement à faire sentir tout l'essor qu'il peut donner à la prospérité des provinces du Rio de la Plata. Le rapide développement de la ville de Rosario en est un exemple. C'était un hameau avant l'affranchissement de la navigation; maintenant elle compté 12,000 habitants, dont le nombre s'accroît à vue d'œil.

Nous ne devons pas négliger de considérer sous ces différents rapports l'influence que l'établissement d'un chemin de fer est appelé à exercer sur le transport marchand proprement dit ; ainsi, il y a des articles dont l'exportation se trouve actuellement interdite par la cherté du fret, et qui par la baisse de ce même fret, pourront devenir l'objet d'un commerce important. La chaux de Cordova est renommée dans tout le pays pour sa qualité supérieure et anciennement quand les transports coûtaient moins cher on en expédiait même à Buenos-Ayres. Actuellement on en transporte quelquefois à Rosario, où elle se vend le double du prix ordinaire. Comme la chaux est un article pesant et qui fournirait un tonnage considérable, le chemin de fer devrait la transporter au-dessous des prix de son tarif ordinaire, et la conséquence en serait la consommation universelle de cet article dans toutes les villes, au nord et au sud de Rosario. Il y a aussi à Cordova des carrières de marbre, et si l'expérience faisait voir que ces marbres puissent soutenir la concurrence avec ceux d'Italie, les marbres d'Amérique pourraient par la suite être livrés à l'exportation.

La question relative au combustible est ici liée à la question de transport. Le bois, objet si nécessaire aux usages domestiques, est en même temps le seul combustible à la portée des bateaux à vapeur, dont le nombre s'accroît tous les jours sur le fleuve. Le bois se vend à Rosario, de 12 à 16 dollars la corde ; on le coupe à la distance de quelques milles dans l'intérieur, et on le transporte sur des charrettes jusqu'au bord de la rivière, et de là on le fait flotter.

A cinquante lieues de Rosario se trouvent situées les vastes forêts de la province de Cordova, et auprès desquelles passera le chemin de fer. Comme la main d'œuvre est à bon marché, et la valeur des arbres presque nulle, la Compagnie pourrait, en acquérant une partie de ces forêts, faire un commerce considérable autant qu'avantageux de ces bois, dont elle-même trouvera l'emploi pour ses propres travaux.

La laine, qui est un des principaux produits et des plus

estimés de la province de Cordova, acquerra par suite de l'é-
tablissement du chemin de fer des avantages sous le rapport
du prix, qui lui permettront de soutenir la concurrence sur le
marché universel, et le grand article d'exportation des provinces argentines, article dont elles ont pour ainsi dire le
monopole, je veux parler des cuirs, améliorera aussi notable-
ment ces conditions de prix, ce qui exercera une influence
salutaire sur tous les marchés du monde.

J'ai déjà parlé du cuivre de Catamarca, dont la production
croissante peut être considérée comme une réalité. La province de Cordova fournit également du cuivre, et l'on doit
compter sur cet article ainsi que sur les minerais d'argent
dont cette province abonde, comme sur un des objets les
plus importants de son commerce. Les richesses métallur-
giques que renferment les montagnes de Cordova, la possession
des inépuisables forêts qui la couvrent, assurent à cette industrie un avenir dont le chemin de fer devra nécessairement profiter, car les minéraux ne sont pas les seuls articles à exporter,
cette industrie a besoin de matériaux tels que briques, fers et
autres, ainsi que d'objets de consommation pour ses ouvriers.

Le commerce de Mendoza et de San-Juan, déjà considérable,
acquerra un plus grand développement encore par l'ouverture
du chemin de fer. La farine de ces riches provinces, malgré
la cherté d'un transport de cinquante jours, et qui s'élève à
5 dollars par barils, soutient, sur le marché de Buénos-Ayres,
la concurrence avec les farines des États-Unis. Dès que cette
espèce de droit prohibitif que la cherté du transport impose
aux farines de Mendoza et de San-Juan sera modifié par le
chemin de fer d'un côté, et de l'autre par les améliorations
déjà commencées dans le système de transport par charrettes
de Cordova à Mendoza, on peut s'attendre à ce que ces farines
excluent entièrement l'importation étrangère. Les fruits et les
excellents vins dont ces deux provinces abondent étendront nécessairement la sphère de leur consommation actuelle par l'é-
tablissement du chemin de fer, et comme une suite nécessaire

dans l'accroissement de ces exportations, Mendoza effectuera ses importations par le Parana au lieu de le faire par l'océan Pacifique à travers les Andes. Nous avons déjà fait observer que cette même route sera la route naturelle du commerce de Salta et du haut Pérou, tout au moins de son versant méridional, et l'on peut fonder les espérances les plus légitimes sur les conséquences de la révolution commerciale qu'est appelée à opérer l'ouverture de ce chemin de fer, celle du déplacement du commerce de la mer Pacifique à travers la cordillère, commerce appelé à prendre la voie du fleuve Parana et du chemin de fer de Cordova pour pénétrer jusqu'au cœur de l'Amérique du Sud.

Pour terminer, je dois dire que la base de population qui alimentera ce chemin s'élève, indépendamment de son accroissement possible et désirable au moyen d'un système vigoureux et habile de colonisation, à un million d'habitants et au delà, dont 700 à 800,000 appartiennent aux provinces intérieures et 300,000 à l'embouchure de la Plata, c'est-à-dire à la province de Buenos-Ayres et à l'État de Montévideo.

Maintenant nous pouvons hasarder quelques estimations sur le rendement probable du chemin dès qu'il pourra être livré à la circulation. Nous avons évalué, sur les données les plus affaiblies, que le mouvement commercial de l'année dernière peut être estimé à 18,000 tonneaux, ce qui donne un produit de 456,000 dollars, et que sans avoir besoin de faire entrer en ligne de compte le développement extraordinaire des transports par suite de l'établissement du chemin de fer, on peut porter à 24,000 tonneaux par an le *minimum* de son mouvement, ce qui donne un produit de 608,000 dollars.

Les rendements d'un chemin de fer, eu égard aux circonstances spéciales où se trouve l'Amérique du Sud, peuvent se calculer de deux manières. Celle de n'accorder aucune diminution dans le prix des transports, profitant de tout l'avantage d'un monopole assuré par la supériorité du chemin de fer sur les routes ordinaires, et utilisant aux prix actuels de l'accroissement auquel on doit s'attendre dans le mouvement commercial.

Si nous options pour ce système, en supposant que l'augmentation du trafic ne fût que de 33 0/0, nous arriverions au résultat annuel suivant :

19,000 tonneaux à 25 dollars	. . . . .	475,000
5,000 — 17 dollars	. . . . .	85,000
	Dollars	560,000
33 0/0 d'augmentation de trafic	. . . .	186,000
Passagers, transports d'argent, etc.	. . .	100,000
	Dollars	846,000

Mais ce n'est pas là le système que je recommanderais pour assurer au chemin le plus grand revenu possible, non plus que la manière de faire sentir au pays les bienfaits de son établissement. Les avantages que l'on retire des chemins de fer consistent non-seulement dans la facilité qu'ils présentent pour transporter avec sécurité et promptitude de grandes masses de marchandises, mais encore dans la possibilité de réduire considérablement le prix de ces mêmes transports, réduction qui n'est qu'une perte apparente car elle est compensée avec excès par l'augmentation de marchandises et de voyageurs, qui sont la conséquence de la commodité, de la rapidité et du bon marché qu'offrent les chemins de fer ; c'est donc le caractère propre de l'immense progrès social que ce système de communication représente, que de lier ensemble et de confondre l'intérêt des actionnaires avec celui du public.

Le prix du tarif du chemin de fer de Copiapo est considérablement au-dessous des prix établis dans le pays avant l'ouverture du chemin, ce qui n'a pas empêché le revenu de ce chemin de tripler la somme à laquelle s'élevait auparavant le transport des marchandises par la voie ordinaire. Le tarif du Chili a fait une réduction de 50 0/0 en faveur du cuivre en lingots, et en conséquence de ce rabais, plusieurs mines qu'on n'exploitait pas auparavant, parce qu'elles ne supportaient pas les frais, peuvent être maintenant exploitées avec avantage et fournissent un fort tonnage au transport du chemin. De la même manière je conseillerai que sur la route de Cordova le tarif soit réduit pour les marchandises de peu de valeur et d'un grand volume, car la conséquence en serait d'ouvrir au commerce et à la consommation générale des objets dont le transport élevé a, pour ainsi dire, prohibé jusqu'à ce jour l'exportation.

Si pour le tarif du chemin de Cordova l'on adoptait une réduction de 35 0/0 sur les prix que l'on paie actuellement pour les transports, le prix de l'arrobe, de Rosario à Cordova, serait de 21 cents de dollar la livre, et par tonne de 25 dollars, et jusqu'à Villanueva 12 dollars par tonneau, ce qui revient à 7 cents de dollar par tonne et par mille. Je conseillerai de réduire le prix pour la chaux à 10 dollars la tonne, ou 14 réaux la *fanega*, ce qui fait 4 centimes par tonne et par mille. On devrait faire de même pour les autres articles dont la valeur est minime, y compris le bois, en réglant le port de ces objets d'après la distance parcourue. Pour les voyageurs, qui actuellement paient par la diligence 28 dollars, on demanderait à ceux de première classe 15 dollars soit 6 cents par mille, et à ceux de seconde classe 5 dollars, soit 2 cents par mille.

Avec ces prix si réduits, dont l'influence serait si marquée sur le mouvement commercial et les transactions en général, il ne devra pas paraître exagéré de porter à cinquante mille tonneaux le développement du trafic.

Partant de cette donnée, nous arriverions aux résultats suivants :

Fret de marchandises . . . . dollars 750,000
Passagers. 150,000

      Revenu brut . . . dollars 900,000

Ce chiffre ne devra cependant être considéré que comme provisoire, car, attendu que le montant des transports actuels s'élève à un demi-million de dollars, on peut être assuré que les recettes du chemin de fer s'augmenteront rapidement jusqu'à la concurrence de plus d'un million de dollars.

En terminant ce sujet, je dois rappeler quels sont les prix actuellement payés pour le transport aux provinces de l'intérieur.

De Rosario à Cordova, 31 1/4 cents de dollar par arrobe ou . . . . dollars 25 la tonne.
    — à Tucuman, 1 dollar 50 cents par arrobe . . . . dollars 120 —
    — à Salta, 2 dollars — 160 —
    — à Mendoza, 69 cents — 35 —

La construction du chemin de fer de Cordova laissera disponible un grand nombre de charrettes et de mules, qui se reporteront sur le commerce des provinces intérieures, d'où il devra nécessairement résulter une réduction du prix énorme actuellement payé pour les transports.

Dépenses d'entretien et d'exploitation.

Le montant des dépenses de cette nature et la proportion qu'elle garde avec le montant des recettes, est la principale des questions qu'il importe de bien éclaircir dans l'affaire qui nous occupe. On comprend que cette proportion est affectée par diverses circonstances, entre autres par l'importance du mouvement commercial, par les pentes ou plans inclinés de la voie, par la vélocité et le nombre de convois, par le prix des premières matières nécessaires à l'entretien, ainsi que du combustible, et par le salaire des ouvriers et des employés; mais principalement surtout par les tarifs. En Europe et aux États-Unis, cette proportion varie de 25 à 60 pour 100, la moyenne étant de 45 à 50 pour 100. D'après le rapport officiel de la Compagnie de Copiapo, pour l'année 1854, les dépenses se sont élevées à 38 pour 100 du produit brut. Cette proportion, qu'on ne peut manquer de trouver avantageuse, eu égard au prix que le combustible coûte au Chili, et la dépense exigée par la nécessité de distiller l'eau pour les machines, s'explique par la facilité d'entretenir la route, par la réunion des voyageurs et des marchandises dans les mêmes trains, ainsi que par la vitesse modérée qu'on exige, et surtout par le prix élevé du tarif de ce chemin, qui est presque deux fois aussi élevé que le tarif des chemins de fer anglais pour les passagers de première classe, et presque cinq fois plus élevé pour les marchandises. Le tarif que nous proposons pour le chemin de fer de Cordova serait au-dessous de celui de Copiapo, dans les proportions suivantes :

	Chemin de Copiapo.	Chemin de Cordova.
	Cents de dollar.	Cents de dollar.
Voyageurs de 1re classe, par mille..	8	6
Fret de marchandises, —	16	6 3/4

L'entretien de la route de Cordova ne serait pas coûteux, car quoique dans une partie de son parcours les pluies soient fort abondantes, il n'y aura guère lieu à des réparations, par ce que le mouvement des terres est peu sensible.

Le combustible pour ce chemin se trouve sur la voie elle-même, dans la moitié de son parcours, et peut être facilement transporté par le chemin lui-même pour l'autre moitié. Le bois se vend à Cordova 2 dollards la corde, et pour toute la ligne on pourrait en fixer le prix à 3 dollars. Quant à sa qualité, elle est excellente.

Les réparations des machines et le salaire des mécaniciens peuvent être fixés comme à Copiapo, ce qui revient à peu près au double de ce que cela coûte en Angleterre et aux États-Unis.

Sur la ligne de Copiapo, qui est de 74 lieues, il n'y a, excepté dans les cas extraordinaires, qu'un train par jour d'arrivée et un de départ, lesquels transportent également des voyageurs et des marchandises. Ce système, qui est parfaitement applicable à la ligne de Cordova, produit la plus grande économie.

Il permettrait le transport de 50 à 60,000 tonneaux par an ; mais comme le mouvement commercial de cette ligne n'est pas également distribué, il serait nécessaire d'augmenter le nombre des trains à diverses époques de l'année. Il faudrait aussi établir des trains exprès pour les voyageurs, tous les jours de fête, trains qui partiraient de Cordova à des distances variant de 25 à 30 milles. Par toutes ces considérations, on peut calculer que la dépense d'exploitation de ce chemin absorberait 45 0/0 de son revenu ; mais nous porterons ce chiffre à 50 0/0 pour être au-dessus de tout mécompte.

Ainsi donc, les revenus du chemin s'élèveront, dès qu'il pourra être livré à la circulation, savoir :

Pour fret et voyageurs, d'après le calcul qui précède, à. dollars 900,000

A déduire, pour dépense d'entretien et d'exploitation. 450,000

Produit net. . . . . dollars 450,000

ce qui revient à un intérêt de 9 à 10 0/0 sur le capital employé, intérêt qui sera porté à 10 0/0 dès que les recettes s'élèveront à un million de dollars, chiffre qui ne pourra tarder à être atteint, d'après les considérations que nous venons d'exposer.

Nous appelons l'attention des personnes qui liront ce mémoire sur ce fait important qu'on pourrait obtenir un intérêt égal de 10 0/0 en n'exécutant que la partie du chemin qui va jusqu'à Villanueva, point qu'il suffit d'atteindre pour réunir le mouvement commercial de Mendoza ; et cependant l'exécution de ce parcours n'exigerait que l'emploi des trois cinquièmes du capital. Je n'ai pas compris, comme on peut l'observer dans mes calculs, les sommes à payer pour l'intérêt de ce même capital pendant la construction. Toutefois, ce besoin du service n'a pas été entièrement perdu de vue; car j'ai compté que le produit des sections de la ligne qu'on livrerait à la circulation, au fur et à mesure de l'achèvement des travaux, serait appliqué au service de ces intérêts.

J'ai dû négliger de faire entrer dans l'évaluation des recettes le mouvement des points intermédiaires de la ligne, attendu que le pays est très-peu peuplé. Mais on ne saurait perdre de vue la valeur extraordinaire qu'acquerront les terrains avoisinant la ligne et sur lesquels la population se portera de suite, circonstance qui devra bientôt accroître les recettes en marchandises et en voyageurs. D'ailleurs, si, comme nous devons l'espérer, on songe à combiner avec l'exécution du chemin un bon système d'émigration, par suite duquel les terres situées tout le long et des deux côtés de la voie seront défrichées, les intérêts de la Compagnie du chemin de fer (qui est en même temps propriétaire des terres en vertu de la concession) y gagneront de deux manières : d'abord par la vente des terres, et ensuite par l'accroissement de trafic que cette nouvelle population apportera à la ligne.

Notre aperçu sur l'avenir de cette ligne ne sera pas regardé sous le même point de vue par tout le monde. Les habitants du pays, témoins de ses progrès ascendants et de sa croissante prospérité, regarderont comme trop timides nos indications, tandis que d'autres seront enclins à croire que tout le mouvement commercial de ce pays peut être actuellement desservi par un petit nombre de trains. Mais je répondrai aux uns et aux autres, en observant d'abord que, par le fait et sans qu'il soit possible d'entretenir de doute à cet égard, le trafic actuel s'élève pour le moins à 50 tonnes par jour, puisque je crois avoir démontré qu'au lieu d'exagérer l'avenir de cette entreprise, j'ai péché par le côté opposé, en estimant le mouvement de ce chemin plutôt au-dessous qu'au-dessus de la réalité; et si l'expérience de ce qui se passe dans un pays limitrophe (le Chili) doit nécessairement servir de précédent, alors on pourra hardiment se livrer à des appréciations favorables qui dépasseront tout ce que j'ai pu indiquer (1).

Maintenant que j'ai mis ceux qui me liront en état de juger par eux-mêmes, c'est à eux d'augmenter ou de diminuer mes évaluations d'après leurs propres vues.

La perspective d'un dividende de 8 à 9 0/0 n'offre pas peut-être un encouragement suffisant aux capitalistes du pays pour faire face à eux seuls à l'exécution de cette entreprise ; mais pour peu qu'ils réfléchissent non-seulement aux avantages futurs, mais certains qui les attendent, aux intérêts moraux et pécuniaires qui en résulteront, mais encore à l'extension de leur commerce, à la plus-value des terres et à l'accroissement de la valeur des produits agricoles et minéraux, ils comprendront qu'ils ne doivent plus hésiter à seconder de toutes leurs forces l'exécution de ce projet.

Aussi, avons-nous lieu de croire que dans toutes les villes comprises entre Mendoza et Salta et jusqu'aux extrémités de la Confédération, sans exclure Buénos-Ayres et Montévidéo, les capitalistes qui s'y trouvent en assez grand nombre, sont disposés à prendre une part importante dans la souscription du capital.

Le gouvernement, par un décret sanctionné par le congrès, a concédé à la Compagnie qui entreprendra ce chemin la possession gratuite du terrain nécessaire pour la construction de la voie, des stations et de toutes les dépendances de la ligne ; ce décret concède également à la Compagnie, gratuitement et

---

(1) La population comprise entre les deux extrémités de la ligne de Copiapo n'excède pas le nombre de 40 à 50,000 habitants, tandis que la population disséminée dans le parcours du chemin de Cordova est quinze fois plus considérable. Cette dernière province elle seule renferme 150,000 habitants. J'ajoute seulement que les recettes du chemin de Copiapo se sont élevées, l'année dernière, à 600,000 dollars, ayant donné aux actionnaires un dividende de 15 0/0.

en toute propriété, les terres comprises des deux côtés de la voie et sur toute son étendue sur une largeur d'une demi-lieue de chaque côté, concession qui équivaut à celle d'une étendue de 75 lieues de long sur une de large, soit 75 lieues carrées du pays, équivalentes à 750 milles carrés anglais.

Cette masse de terre traversée par un chemin de fer constitue une propriété immense, dont la valeur offre une garantie positive et réelle aux actionnaires de la Compagnie.

Indépendamment de toutes questions pécuniaires, cette entreprise est par elle-même d'une importance qui ne saurait être trop hautement appréciée. Tout progrès ayant pour but d'unir et de concentrer ces vastes provinces, est un immense pas vers la consolidation de leur état social et de leur constitution définitive, et certainement après la mesure déjà accomplie, de rendre libre au commerce du monde la navigation des belles et puissantes rivières qui baignent ces riches contrées, nulle autre mesure ne peut contribuer aussi grandement à leur prospérité, comme l'exécution du chemin de fer projeté.

Cette entreprise ne saurait être regardée comme ayant un caractère provincial ou local, car ces bienfaits s'étendront aux extrémités les plus reculées de la République. Ayant pour base les eaux du Parana, et pénétrant jusqu'à un point de l'intérieur convenablement situé et d'où par la suite des routes ordinaires et même des embranchements de chemins de fer peuvent aboutir aux provinces intérieures, cette ligne devient le puissant noyau d'un vaste système de communication, dont le développement futur assurera la prospérité commerciale et la consistance politique de toute l'Amérique du Sud.

Je me plais à croire que le gouvernement de la Confédération sera assez heureux pour parvenir à exécuter d'une manière large et complète le projet qui lui est soumis.

Il est de mon devoir de remercier ici le gouvernement fédéral et celui des provinces que j'ai dû parcourir, pour la

bienveillante assistance qu'ils m'ont prêtée dans l'accomplissement de ma mission.

J'ai l'honneur d'être,

Monsieur le Ministre,

Votre respectueux et obéissant serviteur,

ALLAN CAMPBELL,
Ingénieur

PARIS — IMPRIMERIE CENTRALE DE NAPOLÉON CHAIX ET Cⁱᵉ, 20, RUE BERGÈRE. — 8078